조화로운 삶

조화로운 삶

당신이 원하는 세상의 모든 것이 당신 안에 있다

초판 찍은 날 2023년 7월 25일
초판 펴낸 날 2023년 8월 03일

지은이 랄프 왈도 트라인
옮긴이 이희원

펴낸곳 오엘북스
펴낸이 옥두석

편집장 이선미 | 책임편집 임혜지
디자인 이호진

출판등록 2020년 1월 7일(제2020-000115호)
주소 경기도 고양시 일산동구 중앙로 1055 레이크하임 206호
전화 031. 906-2647 | 팩스 031. 912-6643
홈페이지 https://blog.naver.com/olbooks
이메일 olbooks@daum.net

ISBN 979-11-975394-8-0 03320

당신이 원하는 세상의 모든 것이 당신 안에 있다

조화로운 삶

랄프 왈도 트라인 지음 | 이희원 옮김

오엘북스

삶에서 일어나는 모든 일의 원인은 내 안에 있다.
거기 있는 힘을 깨달아라.
그러면 당신이 원하는 삶을 정확하게 살아갈 수 있다.

세상을 관통하는 법칙이 있다

세상의 모든 종교를 관통하는 황금률(黃金律)이 있다. 동서고금의 역사에 지속적인 영향을 끼쳐온 위대한 예언자와 현자, 성자들의 삶과 가르침에도 이 황금률이 관통하고 있다. 그들이 행하고 성취한 모든 결과 역시 이 법칙에 따라 이루어졌다. 그리고 그들이 했던 일은 우리도 누구나 할 수 있는 것이다.

오늘날 하루하루 바쁜 일상을 살아가는 현대인들의 삶에도 이 황금률이 필요하다. 무력감을 활력이 넘치는 힘으로 바꾸고, 고통과 나약함을 건강과 강인함으로, 불안을 온전한 평화로, 그리고 빈곤을 풍요로움으로 바꾸어줄 황금률이다.

사람들은 외부에서 모든 것을 끌어들여 내부에서 자기 자신만의 세계를 만든다. 그 세계는 우리의 생각으로 만들기 때문에 생각은, 곧 힘이다. 좋은 것은 좋은 것을 만들고, 좋은 것은 좋은 것을 끌어당긴다. 즉 비슷한 것들끼리 서로 끌어당기는 것이다. 이렇게 생각은 영적으로 확대되면서 보다 정교해지고 강력해진다. 생각이 영적으로 변화하는 과정에는 법칙이 있다. 우리 안에 있는 그 법칙은 또한 힘이다.

모든 일은 보이는 곳에서보다 보이지 않는 곳에서 먼저 일어난다. 현실에 앞서 관념 속에서 먼저 모습을 보이고, 물질로 구현되기 전에 영적으로 실현된다. 보이지 않는 세계는 원인의 영역이며, 보이는 세계는 결과의 영역이다. 그 결과의 모습은 언제나 원인에 의해 만들어지고 결정된다.

모든 사람의 내면에서 작동하는 생각의 힘 바탕에는 위대한 법칙들이 있다. 나는 이 법칙을 모두가 이해할 수 있을 만큼 간단하고 명료하게 이야기하고 싶다. 모든 사람이 이 법칙을 간명하게 이해하여 일상생활에 적용하고 삶의 세세한 부분까지 그에 따라 살아갈 수 있기를 바란다. 단순한 추측이나 까다로운 이론이 아니라 적극적으로 받아들임으로써 이러한 삶이 가능할 것이다.

우주 전체를 관통하는 신성한 흐름이 있다. 인간의 의지 안팎에서는 신의 의지가 끊임없이 작동한다. 신의 의지와 조화를 이루고 그 지고한 법칙과 힘을 깨달아 함께하는 것이 신성한 흐름을 받아들이고 그 일부가 되는 삶이다. 모든 성공의 비결이 여기에 있다. 헤아릴 수 없는 부(富)를 가지게 되고 꿈에도 생각하지 못한 힘을 가지게 되는 길이다.

랄프 왈도 트라인

| 차 례 |

천국과 지옥은 내 안에 있다

낙관주의자는 옳지만 비관주의자 역시 옳다. 이 둘은 빛과 어둠만큼이나 다르지만 둘 다 옳다. 각자가 자신의 관점에서 보면 모두 옳은 것이다. 하지만 어떤 관점을 갖느냐에 따라 그 사람의 인생이 결정된다. 삶은 우리의 관점에 따라 활력이 넘치거나 무기력해질 수 있고, 평화롭거나 고통스러울 수 있다. 결국 성공한 삶이냐 실패한 삶이냐 중 하나로 결정되는 것이다.

흔히 낙관주의자는 사물들의 전체를 보고 그 조화로운 관계 속에서 세상을 파악한다. 반면에 비관주의자는 사물의 일부만을 편협한 시각으로 바라본다. 한쪽은 지혜에 비추어 세계를 이해하지만 다른 한쪽은 무지해 어둠 속을 헤맨다. 각자 자기 안에 있는 생각을 통해 자신들의 세계를 만들어낸다. 자신들의 관점에 따라 각기 다른 세계가 탄생한다. 낙관주의자는 지혜와 통찰력으로 천국을 만들어내고 주위의 다른 사람들이 천국을 만드는 데도 도움을 준다. 하지만 비관주의자는 스스로 만든 한계에 갇혀 자신 안에 지옥을 만들 뿐만 아니라 다른 사람들까지도 지옥을 겪게끔 한다.

우리는 대부분 낙관주의나 비관주의 중 한쪽으로 치우쳐 있다. 날마다 매순간 우리 안에는 천국이 만들어지거나 지옥이 만들어진다. 우리 안의 천국이나 지옥은 우리 주변의 세계를 또한 천국이나 지옥으로 만든다.

천국(天國, heaven)이라는 말은 조화를 뜻한다. 무엇과 조화를 이루려면 올바른 관계를 맺을 대상이 있어야 한다. 조화란 바로 그 대상과의 진실한 관계를 의미한다. 반면에 지옥(地獄, hell)은 주위에 담을 쌓고 혼자 갇혀 있다는 단어에서 기원한다. 지옥에 떨어졌다는 말은 그 어원처럼 세상으로부터 쫓겨나 멀리 떨어져 있다는 의미다.

우주에는 핵심적 사실이 하나 있다. 세상 만물의 배후에는 모든 만물을 움직이고, 그 만물을 통해 자신을 드러내는 '무한한 생명과 힘의 영(靈)'이 있다는 것이다. 스스로 존재하는 이 생명의 근원으로부터 세상 만물이 만들어졌으며, 지금도 끊임없이 탄생은 계속되고 있다. 세상에 개개의 생명이 있다는 건 생명을 탄생시킨 무한한 생명의 원천이 있다는 말이다. 세상에 사랑하는 사람이, 사랑의 힘이 있다는 건 사랑이 흘러나오는 무한한 원천이 존재한다는 말이다. 세상에 지혜가 있다면 분명히 지혜의 원천도 있을 것이다. 평화와 힘도 마찬가지이고, 우리가 물질이라 부르는 모든 것들 역시 그렇다.

만물의 배후에 있는 이 '무한한 생명과 힘의 영'을 모든 것의 원천이라고 말할 수 있다. 이 '무한한 힘'이 불변의 법칙으로 만물을 창조하고 움직이게 하며 다스린다. 우주 전체를 관통하는 이 위대한 법칙과 힘은 우리의 일상생활 구석구석에도 적용된다. 길가에 피는 꽃들도 이 법칙과 힘에 따라 싹트고 자라서 꽃을 피우고 이내 시들어간다. 하늘과 땅 사이에 흩날리는 눈송이조차 이 불변의 법칙에 따라 형태가 만들어지고 떨어져 녹으며 사라진다.

어떤 의미에서는 거대한 우주 자체가 법칙이라고 할 수 있다. 그리고 이것이 사실이라면 어떤 힘 혹은 법칙의 배후에는 이러한 힘과 법칙을 만들어낸 보다 더 큰 힘이 있다고 생각할 수 있다. 세상 만물의 배후에 있는 이 '무한한 생명과 힘의 영'을 우리는 신(神)이라고 부른다. 하지만 이것을 무엇이라고 불러도 상관없다. '모두를 비추는 빛'이라거나 '우주의 섭리', 또는 '초월적 영혼', '전지전능함'이라고 부를 수도 있고, '하느님'이라고 불러도 된다. 그가 무한한 생명과 힘을 지닌 어떤 배후라는 사실 자체에 동의한다면 명칭은 무엇이든 좋다.

이 '무한한 영'은 우주 전체를 그 자신만으로 가득 채우는 신이라 할 수 있다. 세상 만물이 그로부터 태어나 그 안에 있으며 그에 속하지 않는 것은 없다. 우리는 그로부터 생명을 부여받았고 지금도 계속해서 생명을 얻고 있다. 따라서 우리는 신의 생명의

조화로운 삶

일부다. 우리가 각각 개별적인 영(靈)인 반면에 신은 우리만이 아니라 세상 만물을 포함하는 '무한한 영'이라는 점에서 우리와 다르다. 그럼에도 신의 생명과 인간의 생명은 본질적으로 동일하다. '신과 우리는 하나'인 것이다. 단지 아우르는 범위만 다를 뿐이다.

많은 현자들은 우리가 신성한 흐름을 통해 신으로부터 생명을 부여받는다고 생각했다. 우리의 생명과 신의 생명이 하나이며 따라서 신과 인간이 하나라고 믿은 현자들도 있었다. 어느 쪽이 옳을까? 제대로 이해하기만 하면 둘 다 옳은 말이다.

먼저 앞의 개념처럼 만물의 배후에 있는 '무한한 생명의 영'이 신이고 여기서 모든 것이 탄생했다면, 우리의 생명도 신성한 흐름을 통해 이 '무한한 원천'에서 끊임없이 개별적 영혼으로 태어나고 있는 게 분명하다. 다음으로, 뒤에 제시된 개념처럼 우리 생명이 이 '무한한 생명의 영'에서 개별적 영혼으로 태어나 그 무한함의 일부라면, 개별적 생명을 통해 구현되는 '무한한 영'은 본질적으로 그 원천과 같을 것이다. 넓은 바다에서 퍼올린 물은 단 한 방울이라고 해도 그 원천인 바다와 다를 것이 없지 않은가? 그런데 이것은 자칫 오해를 불러올 수도 있다. 신의 생명과 인간의 생명이 본질적으로 같다 하더라도 신의 생명은 인간

개개인의 생명을 초월해 세상 만물까지 다 포함한다. 다시 말해 생명의 본질은 같지만 생명이 포괄하는 범위에는 엄청난 차이가 있다.

이제 이 두 개념 모두가 옳다는 것이 분명해졌다. 양자 모두 같은 내용을 다르게 표현할 뿐이다.

어떤 골짜기에 작은 저수지가 하나 있다. 이 저수지는 산 중턱의 거대한 저수지로부터 물이 흘러들어온다. 이 작은 저수지의 물은 그 원천인 산중턱 저수지의 물과 본질적으로 동일하다. 하지만 산중턱에 있는 저수지는 물의 양이 훨씬 많아서 수없이 많은 저수지에 물을 공급하면서도 마르는 경우가 없다.

사람의 생명도 마찬가지다. 다른 것은 몰라도 모두가 이 점에 대해서는 동의하리라고 생각한다. 즉 세상 만물 모든 생명의 배후에 '무한한 생명의 영'이 있고, 모든 사람 개개인이, 당신과 나의 생명이 이 '무한한 원천'의 신성한 흐름이라는 것이다. 이러한 흐름을 통해 사람에게 들어오는 생명은 본질적으로 '무한한 생명의 영'과 동일하다. 비록 그 범위에는 차이가 있지만 본질에서는 차이가 없다.

이것이 사실이라면, 우리가 이 신성한 흐름에 스스로를 여는 만큼 신과 가까워질 수 있지 않을까? 신과 가까워지면 신의 권능에 함께하게 된다. 신의 권능에는 한계가 없는데, 신과 동일한 우리에게 한계가 있다는 건 우리가 본질을 알지 못한 채 스스로 한계를 설정해둔 까닭은 아닐까?

마음을 열면 세상을 끌어당길 수 있다 03

앞에서 언급한 것처럼, 우주의 중심에는 시작부터 끝까지 세상 만물을 주관하는 '무한한 생명의 영'이 있다. 그렇다면 우리 삶에서 가장 핵심적인 사실은 무엇일까? 이 질문에 대한 답은 이미 나왔다.

인간의 삶, 곧 우리 삶에서 가장 핵심이 되는 건 이 '무한한 생명'과 우리가 하나라는 사실을 깨닫고 그 신성한 흐름에 자신을 활짝 열어야 한다는 것이다. 이것이 우리 인생의 중심에 있는 위대한 사실이며, 모든 것이 여기에서 시작되고 끝난다. '무한한 생명'과 하나임을 인식하고 자신을 열어 이 신성한 흐름을 받아들일 때, 우리는 자신 안에서 '무한한 생명'의 본질과 힘을 그대로 살아갈 수 있다.

이것은 무슨 말인가? 답은 간단하다. 우리는 진정한 자신을 깨달아 위대한 법칙, 즉 위대한 힘과 조화를 이루고, 위대한 영감을 향해 자신을 열어야 한다. 역사상 존재한 모든 현자와 예언자, 구원자들, 그리고 진정으로 인류에 큰 기여를 한 사람들이 모두 이렇게 살아갔다. 이러한 사실을 깨닫고 우리 자신을 '무한한 우주의 원천'과 연결시킬 때 지고한 권능이 우리 안에서 우리를 통해 발현될 수 있다.

하지만 대부분의 사람들은 그렇게 살지 못한다. 무지(無知) 때문이다. 무지한 탓에 우리는 지고한 힘과 권능의 신성한 흐름에 스스로를 열지 못하고 그 힘이 우리를 통해 발현되는 것을 방해한다. 혹은 의도적으로 이러한 힘이 우리 안에서 작동하지 못하도록 스스로를 걸어 잠그고 우리에게 주어진 힘을 팽개쳐버리기도 한다. 이와는 반대로, 자신이 '무한한 생명'과 하나라는 사실을 분명히 깨닫고 신성한 흐름을 향해 자신을 활짝 열어 그 지고한 힘과 영감이 자기 안에서 작동하게 하는 이들이 있다. 바로 신인(神人)이다.

신인은 인간이지만 자신을 통해 신의 능력을 드러내는 사람이다. 이러한 사람은 누구도 특정한 한계 내로 가둘 수 없다. 오직 그 자신만이 그를 제한할 수 있을 뿐이다. 대부분 사람들을 제한

하는 가장 중요한 요소는 무지다. 이러한 무지로 인해 사람들은 자신이 더 넓고 힘찬 삶을 살아갈 힘이 있다는 사실을 깨닫지 못한 채 위축되고 무기력하게 살아간다. 대부분의 사람들이 진정한 자신의 본질을 알지 못하는 것이다.

인류는 여전히 진정한 자신과 신의 생명이 하나라는 사실을 충분히 깨닫지 못했다. 이 무지 탓에 인류는 신성한 흐름에 자신을 열지 못하고, 무한한 힘과 권능이 발현되는 것도 방해하고 있다. 우리가 자신을 단지 평범한 인간으로 생각하는 한 우리는 인간의 힘밖에 가질 수 없다. 그러나 우리 자신이 신인(神人)이라는 사실을 깨닫는다면 신인의 능력을 가지게 된다. 신성한 흐름에 우리 자신을 활짝 여는 만큼 우리는 단순히 인간에서 신인으로 변모할 수 있는 것이다.

흐름을 닫아버리면 모든 것이 시든다

한 친구가 아름다운 연못을 갖고 있었다. 넓은 농장 가운데 자연적으로 형성된 이 연못은 근처 산기슭에 있는 저수지에서 물을 공급받았다. 연못에는 저수지로부터 흘러오는 수량을 조절할 수 있는 수문도 있었다. 정말 눈부시게 아름다운 곳이었다. 여름이면 맑은 수면을 덮을 정도로 연꽃이 활짝 피어났다. 주변에는 장미나 야생화들이 끊임없이 피었다. 새들이 날아와 목을 축이고 몸을 씻었다. 아침부터 저녁까지 새들의 노랫소리가 끊이지 않았다. 야생의 꽃밭에서 꿀벌은 부지런히 꿀을 모았다. 연못 뒤로는 산딸기와 푸성귀, 고사리가 자라는 오솔길이 멀리까지 이어져 있었다.

그 친구는 '신인'에 가까웠다. 그는 모든 사람을 사랑했다. 그의 땅에는 '사유지, 출입금지'라거나 '무단침입 시 처벌함' 같은 경고 표지를 볼 수 없었다. 오히려 그 매혹적인 장소로 통하는 숲속 오솔길에 '연꽃이 예쁜 연못을 보러오세요!'라는 팻말이 세워져 있었다. 모두가 그 친구를 사랑했다. 사랑하지 않을 수 없는 사람이었다. 그 친구도 사람들을 사랑했고, 자신이 가진 것은 곧 모두의 것이라 생각했다.

아이들도 그곳에서 신나게 뛰어놀았다. 가끔은 사는 일에 지친 사람들이 찾아와 어두운 얼굴로 앉아 있곤 했다. 그들이 일어나 떠날 때는 모두들 짐을 내려놓은 듯, 밝은 표정으로 바뀌어 있다. 그들은 떠나며 혼잣말로 "이 정원 주인에게 복이 내리기를!"이라고 축복하기도 했다.

사람들은 그곳을 '신의 정원'이라 불렀다. 하지만 내 친구는 '영혼의 정원'이라 부르며 그곳에서 고요한 시간을 가질 때가 많았

다. 사람들이 모두 돌아간 다음 나는 그가 연못가를 거닐거나 맑은 달빛 아래 낡은 벤치에 앉아 들꽃 향기에 취해 있는 모습을 보곤 했다. 그는 아름답도록 소박한 품성을 지녔다. 그는 이 정원에서 인생의 진리를 많이 깨달았으며, 여러 가지 멋진 계획에 대한 영감이 떠올랐다고도 했다.

연못 근처에는 항상 편안함과 부드러움, 선한 의지와 즐거움이 가득했다. 소와 양들도 오솔길 끝 낡은 돌담 너머로 이 아름다운 곳을 바라보며 사람들과 똑같이 즐거워하는 것 같았다. 짐승들이 편안해하는 모습을 보며 사람들은 자신도 모르게 미소를 짓곤 했다.

저수지에서 연못으로 들어오는 물길은 항상 열려 있어 물은 늘 충분했다. 연못에서 넘쳐흐른 물은 들판을 가로지르는 개울로 흘러들어가 풀을 뜯는 가축들이 신선하게 마실 수 있었다. 개울은 계속해서 이웃의 논밭 사이로 흘러갔다.

얼마 전 그 친구에게 1년 정도 그곳을 비워야 할 일이 생겼다. 그는 자신이 없는 동안 이른바 '현실적인' 사람에게 정원을 관리해 달라고 부탁했다. 하지만 그 사람은 자신에게 '현실적인' 이득이 생기지 않는 일에는 전혀 관심이 없었다. 그는 저수지와 연못을 잇는 수문을 닫아버렸다. 이제 수정처럼 맑은 산속의 물은 연못으로 흘러들지 못하고 들판으로 흘러넘칠 수도 없었다. 누구든 환영하며 세워놓은 '연꽃이 예쁜 연못을 보러오세요!'라는 팻말도 사라졌다. 더 이상 뛰어노는 아이들도 없었고 산책에 나선 사람들도 보기 힘들어졌다.

모든 것이 변했다. 생명을 주던 물이 마르자 연꽃은 시들었고 바짝 마른 연꽃 줄기와 뿌리가 갈라진 연못 바닥을 뒹굴었다. 맑은 물속을 헤엄치던 물고기들이 죽어서 악취가 풍겼다. 새들도 더는 찾아오지 않았다. 연못 기슭에 만발하던 야생화들도 시들해지고, 꽃을 찾아 윙윙거리던 꿀벌들의 소리도 들리지 않았다. 들판을 흐르던 시냇물이 말라버려 가축들도 더 이상 맑은 물을 마실 수 없었다.

친구가 정성껏 가꾼 연못이 황량해져버린 건 우리가 본 것처럼 산기슭 저수지에서 연못으로 흘러드는 물길을 막아 생명의 원천인 샘물이 들어오지 못했기 때문이다. 생명의 원천이 단절되자 연못은 완전히 달라졌다. 뿐만 아니라 들판을 흐르던 시냇물이 말라 소나 양들도 물을 마실 수가 없었다.

마음을 열면 생각의 힘이 흘러들어온다

우리 인생도 이와 같지 않을까? 만물의 생명인 '무한한 영'과 자신이 하나로 연결되어 있다는 사실을 인식하고 그 신성한 흐름에 자신을 열면 우리는 어디서나 지고하고 아름다운 힘과 조화를 이룰 수 있다. 우리가 이러한 흐름에 함께하면 주변 사람들에게도 그 효과가 전해진다. 친구의 연못이 바로 그랬다. 그때 사람들은 참되고 선하며 모두를 사랑한다.

반면에 '무한한 근원'과 하나라는 사실을 알지 못한 채 신성한 흐름에도 자신을 닫아버리면 우리는 선함도, 아름다움도, 열정도 없는 상태가 된다. 우리와 만나는 사람들에게도 좋은 영향을 주기보다는 상처만 주게 된다. 다른 사람에게 맡겨진 연못 꼴이 되는 것이다.

하지만 우리 인생은 연못과 다르다. 연못은 생명의 원천인 저수지의 수문을 스스로 여닫을 수 없다. 언제나 다른 누군가가 열거나 닫아주어야 한다. 그러나 성스러운 흐름을 향해 마음을 열거나 닫는 것은 당신과 나, 우리 자신에게 달린 문제다. 우리는 스스로 자신을 열거나 닫을 수 있다. 정신의 힘, 생각의 작용으로 우리는 선택을 할 수 있는 것이다.

우리에게는 신과 직접 연결되는 영혼의 삶이 있다. 영혼을 통해 우리는 '무한(無限)'과 이어진다. 그다음에는 육체의 삶도 있다. 육체는 우리를 주위의 물질세계와 이어준다. 이 두 가지 삶 사이에 걸쳐 있는 것이 마음, 즉 생각이다.

여기서 잠시, 생각의 성질에 대해 살펴보자. 생각은 흔히 말하는 것처럼 규정할 수 없고 추상적인 어떤 것이 아니다. 오히려 생각은 생생하게 활동하는 힘이다. 우주에서 가장 생동적이고 미묘하며 거역할 수 없는 힘이다.

이미 과학적인 실험을 통해 생각이 힘이라는 위대한 사실이 밝혀지고 있다. 생각은 형태와 특성, 그리고 실체와 힘을 가지고 있으며, 그리하여 '생각의 과학'이라는 학문도 등장했다. 우리가 생각의 힘을 활용하면 단순히 비유적인 의미가 아니라 실제로 현실에서 창조적 역량을 발휘한다는 사실도 밝혀졌다.

우리 주위의 물질세계 전부가, 지금까지 우주에 존재한 모든 것이 생각에서 시작되었다. 생각에서부터 형태가 만들어진 것이다. 거대한 성(城)도, 섬세한 조각상도, 그림과 기계, 그 부품들도 모든 세상 만물은 형태를 갖추어 세상에 등장하기 전에 그것을 생각해낸 사람의 마음속에 먼저 존재했다. 우리가 살고 있는 이 우주 자체도 신의 생각에너지, 즉 만물의 배후에 있는 '무한한 영'이 형상화된 결과다. 그리고 이미 살펴보았듯이, 우리 내부의 참된 자아는 본질적으로 이 '무한한 영'과 하나다. 우리가 이 엄청난 사실을 인식하고 얼마나 구체화하느냐에 따라 우리 내부에 있는 영적인 생각은 창조적인 힘을 얻을 수 있다.

생각의 힘과 끌어당김의 힘

세상 만물은 형상화되어 눈에 보이기 전에는 보이지 않는 형태로 존재한다. 이런 의미에서 보이지 않는 것이 실제이고 보이는 것은 비실제적이라 할 수 있다. 안 보이는 것이 원인이고 그 결과가 보이는 것이다. 보이지 않는 것은 영원하지만 보이는 것은 변하며 일시적이다.

'말[言]의 힘'은 문자 그대로 과학적 사실이다. 우리는 생각의 힘을 통해 뭔가를 창조할 수 있게 되는데, 말 역시 이러한 내적인 힘이 외부로 표현된 것이라고 볼 수 있다. 어떤 의미에서 말을 하는 것은 생각의 힘을 집중해 특정한 방향으로 표출하는 것이다. 창조적 힘이 형상화되어 외적으로 드러나기 전에 우리는 생각을 집중해 어떤 방향으로 나아가게 할지를 결정해야 한다.

'공중누각을 쌓는다'라는 말이 있다. 일반적으로 이 말은 별로 좋은 의미로 쓰이지 않는다. 하지만 지상에 집을 지으려면 먼저 공중에, 즉 머릿속으로 집을 그려보는 일이 반드시 필요하다. '공중누각을 쌓는다'라는 말이 부정적인 의미로 사용되는 건, 공중에 집을 짓는 자체가 아니라 실제로 땅에다 집을 짓는 데까지 나아가지 않는 데 이유가 있다. 즉 집을 짓는 데 꼭 필요한 한 가지 일은 했지만 나머지 다른 일에는 손을 대지 않기 때문이다.

생각의 힘과 관련된 것으로 정신에는 대상을 끌어당기는 힘이 있다. 비슷한 것끼리 서로 끌어당긴다는 우주의 위대한 법칙이 여기서도 작동한다. 살아가다보면 우리는 보이는 세계와 보이지 않는 세계 모두에서 우리 생각과 비슷한 힘이나 상황을 끊임없이 끌어당긴다. 이 법칙은 우리가 의식하든 하지 않든 상관없이 언제나 작동한다. 우리는 광활한 '생각의 바다'에서 숨 쉬고 있다고 말할 수 있다. 우리 주위에서는 끊임없이 생각의 힘이 파도처럼 밀려왔다 밀려간다. 많든 적든 혹은 의식하든 무의식적이든 우리는 이러한 생각의 힘에 영향을 받고 있다. 우리가 생각의 힘에 얼마나 예민한가에 따라서 혹은 그 힘에 자신을 얼마나 여느냐에 따라서 우리 생각과 인생이 달라진다.

우리 주위에는 남들보다 훨씬 더 예민한 사람들이 있다. 그들은 남달리 섬세하고 예민해서 직장 동료를 포함해서 만나는 사람들

마음을 열면 세상을 끌어당길 수 있다

의 영향을 많이 받는다. 저명한 잡지사 편집장인 내 친구는 모임에서 사람들과 악수도 하고 대화를 많이 한 날이면 정신적으로나 신체적으로 크게 영향을 받는다. 거의 탈진상태가 된 그는 이틀이나 사흘이 지나야 본래 자신으로 돌아올 정도다.

사람들은 흔히 이런 예민함이 좋지 않을 거라고 생각하지만 절대 그렇지만은 않다. 예민함은 사실 더 좋은 것이다. 예민한 사람일수록 자기 내면에서 들리는 영혼의 목소리나 다른 차원에서 흘러드는 숭고한 힘에 자신을 더 활짝 열고 받아들이기 때문이다. 물론 바람직하지도 않고 해로운 영향을 제대로 가리지도 못하고 거기에 맞설 힘도 없는 상태라면 예민함이 매우 불편하고 곤란할 수 있다. 하지만 예민한 사람들은 누구나 이러한 힘을 쉽게 얻을 수 있다.

이러한 힘은 정신활동을 통해 얻을 수 있다. 예민한 사람이든 그렇지 않은 사람이든 마음의 자세를 올바르게 유지하는 것은 무엇과도 비할 수 없이 중요한 습관이다. 즉 지고한 모든 것에 대해서는 자신을 열어 받아들이되 차원이 낮은 것들에 대해서는 마음을 닫아걸고 적극적으로 맞서는 자세다. 이러한 마음자세를 의식적으로 단단히 유지하면 곧 습관이 되고, 열심히 노력하면 그 힘이 작동하여 원하는 결과를 얻을 수 있도록 한다. 이렇게 하면 인생의 보이는 측면과 보이지 않는 측면 모두에서 오는 저 차원적이고 바람직하지 못한 영향은 굳게 차단하고, 지고한 힘들의 영향은 적극적으로 받아들이게 된다. 힘은 우리가 자신을 열 때만 우리에게 영향을 준다.

비슷한 것끼리 서로 끌어당긴다

그런데 인생의 보이지 않는 측면이란 무슨 의미일까? 먼저 그것은, 우리를 둘러싼 여러 가지 정신적이고 감정적인 상태로, 육체라는 매체를 통해 물질세계에 드러나는 생각의 힘이다. 다음으로는, 육체라는 외피를 벗고 다른 형태의 영적인 존재를 통해 발현되는 힘이 있다.

"모든 인간 존재는 물질세계의 감각 차원에서 시작된다. 하지만 이를 바탕으로 에테르계로부터 말로 표현할 수 없을 만큼 영광스러운 경지를 향해 천상의 생명과 권능이 펼쳐지는 천상계까지 나아갈 수 있다. 모든 물리적 실체에는 각각에 상응하는 에테르 세계 혹은 영적(靈的) 세계가 있다. 마찬가지로 모든 육체적 생명체의 내부와 외부에도 각각에 상응하는 에테르 생명체가 있다. 육체는 에테르 혹은 영적인 생명의 물질적 발현이라고 할 수 있다. 이러한 에테르계 혹은 영계(靈界)는 잠시 머무는 곳으로 인간은 이 단계를 지나 점차 더 높은 단계들을 거쳐 마침내 천상의 세계, 천계(天界)에 도달하게 된다. 인간의 감각으로는 인지되지 않는 영적 존재가 되는 것이다. 따라서 인간의 육신은 두 가지 형태로 존재한다고 볼 수 있다. 하나는 물질적 존재인 육체로, 또 다른 한 형태인 본질적이며 영원한 에테르적[靈的] 생명체가 잠시 머무는 껍질이라 할 수 있다. 콩이 영글기 위해서는 콩깍지가 필요하다. 콩이 다 익어 수확이 끝나면 더 이상 콩깍지는 필요가 없다. 이렇게 영적인 존재와 그 물질적 발현인 육신, 그리고 이들이 엮어가는 다양한 사회적 관계를 통해 인류와 개인의 삶이 영원히 유지되고 발전해간다."

여기서 우리는 생명의 형태가 달라져도 생명 자체는 계속 이어진다는 사실을 기억해야 한다. 생명은 우주의 영원한 원리 중 하나로, 생명이 발현되는 개체의 형태가 변하더라도 생명 자체는 언제나 계속된다. 육신이라는 껍질을 벗어버렸다고 해서 생명이 끝나거나 무(無)로 돌아가는 것은 아니다. 생명은 중단되는 게 아니기 때문에 육신을 떠나는 순간 또 다른 형태로 시작된다. 생명은 끊임없이 한 단계 한 단계를 거쳐 진화하고 있으며 단계를 거르거나 훌쩍 건너뛰는 경우는 없다.

이 세상에 물질적 형태로 존재하는 영(靈)이 있듯이, 각 단계마다 다른 차원으로 존재하는 영들도 있다. 그리고 이들은 서로 영향

을 주고받는다. 비슷한 것끼리 서로 끌어당긴다는 보편적 법칙
이 적용된다면 우리는 자신의 생각이나 삶과 가장 비슷한 것들
을 끊임없이 자신에게로 끌어들이며 살아간다. 이렇게 많은 영
향을 주고받으며 살고 있다는 사실이 당황스러울 수도 있지만
그렇게 생각할 문제는 아니다. 모든 생명은 하나다. 우리는 모두
공통되고 보편적인 생명과 연결되어 있다. 그러나 우리가 어떤
영향을 끌어들일지는 전적으로 자신이 결정한다. 주위의 영향에
일방적으로 휩쓸리는 나약한 존재가 아니기 때문이다.

보이지 않는 힘이 모든 것의 원인

인생을 항해에 비유하자면 우리는 방향타를 굳게 쥐고 나아가야
할 방향과 경로를 정확하게 결정할 수 있다. 하지만 불어오는 바
람에 이리저리 표류할 수도 있다. 그럴 때 우리는 언제 어디서든
지구상에서 살다간 모든 현자와 위인, 그리고 성인들의 영적 힘
과 도움을 끌어당길 수 있다. 세상에 살 때 사랑으로 드높은 힘
을 보여주었던 그들이 지금도 같은 방식으로, 어쩌면 그보다 더
큰 힘과 사랑으로 세상을 위해 일하고 있으리라는 사실을 믿지
않을 이유가 없다.

얼마 전 한 친구와 차를 타고 가면서, 지금은 어느 곳에 가나 사
람들이 삶의 본질에 대해 큰 관심을 갖고 있다는 얘기를 나누었

다. 사람들은 그 어느 때보다 자기 내면의 힘을 궁금해 하고, '무한한 힘'과는 어떤 관계인지에 관심을 갖고 있다. 영적인 자각에 눈을 돌리는 사람들이 점차 많아져 앞으로 영적 각성이 더 확산될 것이다. 내가 "시대에 앞서 영적 각성을 할 수 있도록 애썼던 사람들이 오늘 우리의 모습을 보았다면 얼마나 좋아할까?"라고 말하자 친구가 대답했다. "왜 그들이 지금 우리와 함께 있지 않을 거라고 생각해? 그들이 이 세계를 못 보거나 손 놓고 있을 것 같아? 아마도 그들은 세상을 떠나기 전보다 더 큰 힘으로 이 세계를 위해 일하고 있을 걸세." 이 사실을 일깨워준 친구가 고마웠다. "나도 그들의 영혼이 지금도 사람들의 구원을 위해 애쓰고 있을 것이라 생각하네."

현대과학으로도 밝혀지듯이, 우리가 볼 수 있는 것은 사물의 일부분에 불과하다. 우리의 삶과 주위 세계에서 작동하는 진정한 힘은 평범한 육안으로 볼 수 없다. 눈에 보이지 않는 그 힘이 모든 것의 원인이며 우리가 보는 것은 단순한 결과일 뿐이다. 생각은 힘이며, 자기와 비슷한 것을 만들어내고, 비슷한 것끼리 끌어당긴다. 그러므로 어떤 생각을 하느냐에 따라 자신의 삶이 결정된다.

모든 것이 생각에 달려 있다

자연의 본질에 대해 이해가 깊은 사람은 영적인 세계와 물질적인 세계의 대응이 놀라울 정도로 정확하게 작용한다고 말한다. 근심걱정에 빠져 사는 사람에게는 늘 근심스런 일들이 일어난다. 용기 없이 기가 죽어 있는 사람은 무슨 일을 해도 실패해 다른 누군가에게 짐이 되는 삶을 산다. 그러나 희망과 자신감에 차서 밝게 살아가면 성공을 불러들인다. 앞마당 화단에 피어 있는 꽃은 그 집에 사는 사람의 감정 상태를 말해주고, 가정주부의 감정은 입는 옷을 보면 알 수 있다. 너저분한 모습은 절망감이나 무력감, 흐트러진 마음자세 등을 드러내고, 솔기가 터지거나 찢어진 옷, 그리고 더러움 등은 몸으로 드러나기 전에 마음에 먼저 그렇게 존재한다. 어떤 생각을 주로 하느냐에 따라 그에 해당되는 눈에 보이는 요소를 내게로 끌어당긴다. 희망과 자신감을 가지고 목표를 정해 흔들리지 않고 나아가면 그 목표 달성에 필요한 여러 요소와 능력을 내게로 끌어당길 수 있다.

우리의 생각은 하나하나가 모두 우리 자신에게 나름대로의 방식으로 영향을 준다. 몸과 마음의 건강, 하는 일의 성공 여부, 주위 사람들이 느끼는 감정 등 모든 것이 우리 생각에 달려 있다. 마음이 어떤 상태인가에 따라 우리 영혼은 그에 어울리는 보이지 않는 요소들을 받아들인다. 이것은 영적인 법칙이면서 화학법칙이기도 하다. 화학작용은 눈에 보이는 요소에 국한되지 않는다. 육안으로 볼 수 없는 요소가 보이는 것보다 몇천 배나 많다. '너를 미워하는 사람들에게 선(善)을 베풀어라'라고 한 예수의 가르침도 과학적 사실과 자연법칙에 바탕을 두고 있다. 선을 행하면 선하고 힘 있는 요소들을 끌어당길 수 있다. 하지만 악을 행하면 파괴적인 요소들을 끌어들이게 된다. 그러므로 우리가 마음의 눈을 열면 악한 생각들을 모두 버리는 것이 스스로를 보호하는 길이란 걸 알게 된다. 증오를 품고 살면 증오로 인해 죽는다. '칼에 의지해 살면 칼로 죽는다.' 악한 생각은 모두 상대방을 향해 겨눈 칼과 같다. 그러면 상대도 칼을 뽑는다. 양쪽 모두가 상처를 입게 되는 것이다.

이 주제를 깊이 생각했던 한 사람은 이렇게 말한다. "끌어당김의 법칙은 우주 만물에서 보편적으로 작동한다. 우리는 언제나 자신이 원하거나 기대하는 것을 끌어당긴다. 만약 우리가 이것저것을 모두 바라기만 한다면 우리 마음은 잡초가 무성한 밭처럼 황폐해지고 만다. 가장 원하는 것이 무엇인지를 분명히 알고 간절히 바라야 한다. 그렇게 해야만 원하는 것을 끌어당길 수 있다. 항상 즐거운 생각을 해보라. 그런 자세라면 우리가 세상 어디를 가든 알게 모르게 우리가 가진 생각과 비슷한 것들이 주위에 몰려들 것이다. 생각은 자신만의 소중한 자산이다. 우리가 항상 자신이 어떤 일을 할 힘이 있다는 걸 인식하면, 생각을 그 갈망에 맞게 형성하고 그렇게 하여 주위에서도 도움의 힘을 끌어들일 수 있다."

신의 의지는 신과 하나임을 깨닫는 자의 의지다

지금까지 우리는 마음에 작용하는 끌어당기는 힘에 대해 이야기했다. 이런 생각의 힘이 가장 큰 갈망과 기대로 가득해지면 확신이 된다. 확신을 가지고 간절히 갈망하며 끊임없이 기대를 유지할 때 갈망은 보이지 않는 세계에서 보이는 세계로, 영적인 것에서 물질적인 것으로 변하여 우리에게 끌어당겨진다.

의심이나 두려움이라는 요소가 배어들거나 흔들기 시작하면 아무리 강력한 힘이라도 무력해져서 갈망을 실현할 수 없다. 흔들림없이 기대를 견지하면서 굳건하게 확신을 유지해야만 끌어당길 수 있는 절대적인 힘이 생긴다. 그 절대적인 힘의 크기만큼 결과의 크기도 달라진다.

이미 밝혀지고 있듯이, 확신에 대한 여러 이야기나 그 결과들은 막연한 환상이 아니라 불변의 법칙에 근거한 과학적 사실이다. 과학적인 실험을 통해서도 이러한 힘의 바탕에 깔린 법칙들이 발견되고 있다. 이제 선구적인 사람들은 이 힘과 법칙들을 이해하고 활용하기 시작했다.

의지에 대해서도 많은 논의가 이루어지고 있다. 의지 자체가 힘이라고 말하는 사람들도 있지만, 생각의 힘이 특정한 형태로 표출될 때에만 의지는 힘이 된다. 생각이 구체적 방향으로 집중될 경우에만 '의지'라고 부를 수 있으며, 그 집중도와 방향성에 따라 얻을 수 있는 결과가 달라진다.

어떤 의미에서는 인간의 의지와 신(神)의 의지가 있다. 편의상 인간의 의지를 하위(下位) 자아(自我)라고 하자. 이것은 정신적이고 육체적인 차원, 즉 감각적 영역에서만 존재하는 의지다. 지식이나 육체적 감각이 지배하는 삶을 초월하는 더 큰 생명의 존재를 깨닫지 못한 사람의 의지다. 그 사실을 깨닫게 되면 우리는 현재의 지적이고 감각적인 삶을 더욱 높고 완벽한 상태로 이끌어 최고의 기쁨을 누리게 된다. 신의 의지는 고차원적인 자기 의지이며, 자신이 신과 하나라는 사실을 깨닫고 신의 의지와 조화를 이루는 자의 의지다.

인간의 의지에는 한계가 있다. 여기까지는 가능하지만 그 이상은 할 수 없다는 지점이 있다. 하지만 신의 의지에는 한계가 없다. 전지전능이다. 인간의 의지가 신의 의지와 조화를 이루게 되면 인간의 의지도 더욱 뛰어난 의지가 될 수 있다. "당신이 하고자 하면 이루어질 것이다." 그렇게 본다면 인간 존재와 삶의 가장 큰 비밀은 우리의 의식을 '무한한 근원'과 항상 이어진 상태로 유지하는 데 있다.

우리 인생 전체는 우리의 의식이 무엇과 연결되어 살아가느냐에 따라 결정된다. 신은 초월적일 뿐만 아니라 모든 곳에 존재한다. 신은 언제나 그랬듯이 나와 당신의 삶 속에서 창조하고 활동하며 다스린다. 우리는 신이 이 거대한 우주의 힘을 작동만 시키고는 떠나버렸다고 생각하는 경향이 있다. 신이 초월적일 뿐만 아니라 모든 곳에 존재한다는 사실을 깨달으면 신의 생명과 권능에 함께할 수 있다. 지금 이 순간에도 세상만물 안에서 만물을 통해 드러나고 일하는 '무한한 생명과 능력의 영'이 신이라는 사실을 인식하면, 그리고 우리가 이러한 생명과 하나임을 인식하면 우리는 신의 생명력을 나누어 가지고 우리 자신 안에서 그 생명의 힘이 약동하게 할 수 있다. 이 생명의 물결에 마음을 열면 우리 자신이 '무한한 지성과 권능'이 작동할 수 있는 통로가 된다.

우리는 마음이라는 도구를 통해 영적 생명과 육체적 생명을 결합시키고 영적인 삶이 육체를 통해 표현되도록 할 수 있다. 이를 위해서는 내부로부터 끊임없이 빛을 받아야 한다. 우리가 신과

마음을 열면 세상을 끌어당길 수 있다

하나라는 사실을 깨달으면 이 빛은 더욱 밝아진다.

이 빛을 통해 우리는 직관(直觀)이라는 내적인 길잡이를 얻는다. 감각을 통해 만물의 물질적 특성을 이해하듯이 직관을 통해 우리는 만물의 영적인 특성을 이해한다. 이 길잡이를 따라 인간은 신의 직접적 계시나 자연과 생명의 비밀을 받아들이게 된다. 자신이 신과 하나이며, 신의 자녀로서 더없이 성스럽고 고귀한 존재라는 사실도 깨닫게 된다. 신성한 영감을 토대로 직관이 발달하고 완전해지면 우리가 관심을 갖는 모든 일의 목적과 성격 등에 대한 완전한 비전과 통찰력을 얻게 된다. 다시 강조하지만, 육체의 감각이 외부를 향해 열려 있듯이 이것은 내부를 향하는 영적인 감각이다. 이 영적 감각은 다른 정보에 기대지 않고도 곧바로 진리를 찾아내는 능력이 있기 때문에 직관이라 불린다. 영적인 가르침이나 영적인 계시는 마음이 가지고 있는 이 직관의 힘을 바탕으로 가능해진다. 신의 열망과 신뢰로 태어난 인간이 '무한한 생명과 능력의 영'인 신과 하나라는 사실을 깨닫고 신의 전능에서 나오는 흐름에 자신을 열면 그 에너지와 함께할 수 있다. 그 힘으로 인간은 선지자나 현자로 거듭난다.

"육체 속에 영적인 생명이 구현될 때, 마음은 '나'라는 차원에 머물지 않고 어떤 외부 정보가 없어도 거침없이 자유롭게 곧바로 모든 진리를 파악할 수 있다. 세상만물이 '무한한 생명과 능력의 영'의 빛으로 비쳐, 만물 속에 깃든 신의 목적과 진리가 우리 내면의 지혜 앞에 드러난다. 우리가 직관이라 부르는 영적 감각을 통해 '무한한 생명의 영'에 귀를 기울이기 때문이다." 어떤 사람들은 이를 신의 목소리라고 하고, 또 어떤 사람들은 여섯 번째 감각이라고도 한다.

우리가 진정한 자신을 인식하여 우리의 생명이 '무한한 생명'과 하나임을 깨닫고, 그 신성한 흐름에 자신을 열면 직관의 목소리와 영혼의 목소리, 신의 목소리가 뚜렷하게 들리기 시작한다. 이 목소리를 알아듣고 귀 기울이며 따를 때 그 목소리는 점점 더 뚜렷해져서 잘못 인도하는 일 없는 완벽한 길잡이가 된다.

마음은 몸의 보호자

신(神)은 '무한한 생명의 영(靈)'이다. 우리가 이 생명과 함께하고, 그 신성한 흐름에 마음의 문을 완전히 열 수 있다면, 우리의 육체적인 생명에도 더 큰 의미가 생길 수 있다. 이 '무한한 영'은 본질적으로 질병이 생길 수 없기 때문에 신성한 흐름이 자유롭게 들어와 흘러가는 육체는 질병에 시달리지도 않는다.

모든 생명이 안에서 바깥을 향한다는 법칙은 육체적 생명의 경우에도 적용된다. "안이 그렇기 때문에 바깥이 이렇다. 즉 안쪽이 원인이고 바깥쪽이 결과"라는 불변의 법칙이 여기서도 적용되는 것이다. 다시 말해 마음의 작용들, 다양한 정신 상태와 감정들 모두 신체에 많은 영향을 끼친다.

"정신이 육체에 영향을 끼친다는 사람들이 많지만 정말 그런 건지 모르겠다."고 말하는 사람들이 있다. 당신은 어떤가? 누군가 당신에게 놀라운 소식을 전해준다. 당신은 안색이 창백해지며 몸이 떨리고 어쩌면 기절할 수도 있다. 소식을 들은 건 정신이지만 육체에 그 영향이 나타나는 것이다. 다른 예로, 같이 식사를 하던 중에 친구에게 불쾌한 말을 들었다고 하자. 우리는 보통 이럴 때 입맛이 싹 달아난다. 친구에게 들은 말이 정신이라는 경로를 거쳐 당신에게 영향을 준 것이다.

마음이 무너지면 몸도 넘어진다

한 젊은이가 구부정하게 발을 끌면서 걷고 있다. 작은 걸림돌이라도 있으면 금방이라도 넘어질 것 같다. 그가 마음이 여리고 약하기 때문이다. 마음이 무너지면 몸도 넘어지고 만다. 마음이 굳건하면 걷는 자세도 반듯하고 마음이 불안하면 걸음도 흐트러지는 것이다.

갑자기 위급한 상황이 닥쳤다고 생각해보자. 어쩌면 당신은 불안에 사로잡혀 한 발짝도 떼지 못한 채 사시나무처럼 떨고만 있다. 왜 그렇게 기운을 잃고 옴짝달싹 못하는가? 그래도 마음이 육체에 영향을 주지 않는다고 생각하는가? 순간적으로라도 화가 치밀면 조금 뒤에 심한 두통이 찾아온다. 이래도 생각이나 감정이 육체에 영향을 미친다는 사실이 믿기지 않는가?

며칠 전 친구와 만났을 때 '걱정'에 대한 이야기를 하게 됐다. 친구는 아버지가 늘 걱정을 달고 사신다고 했다. 그 말을 듣고 나는 "자네 아버지는 건강하지 못하신 모양이군. 활기차게 활동하거나 강인하지 않으시지?"라고 했다. 그리고 아버지가 어떤 상태인지 더 자세하게 이야기해주었다. 친구가 놀란 표정으로 말했다. "내 아버지를 한 번도 뵌 적이 없는데 어떻게 아버지의 병에 대해 그렇게 잘 알고 있나?" 내가 대답했다. "방금 자네가 아버님이 늘 걱정을 달고 사신다고 하지 않았나. 그 말이 자네 아버지 병의 원인을 알려준 거고, 나는 단지 그 원인을 구체적 결과로 연결해본 것뿐이네."

두려움이나 걱정은 몸 흐름의 통로를 막아버리기 때문에 생명의 힘이 제대로 흐르지 못하고 정체된다. 반면 희망과 즐거움은 몸의 통로를 열어 생명의 힘이 활기차게 흘러가기 때문에 질병이 발붙이기 어렵다.

병은 마음에서 비롯된다

얼마 전 한 여성이 내 친구에게 몸이 크게 안 좋다고 말했다. 친구는 그 여성이 자기 여동생과 문제가 있다는 사실을 알고 있었다. 자신의 증상을 이야기하는 여성에게 귀를 기울이다가 그가 그녀의 얼굴을 똑바로 쳐다보며 부드럽지만 단호한 어조로 말했다. "동생을 용서해주세요." 여성이 놀라서 친구를 쳐다보며 말했다. "그럴 순 없어요." 친구가 대답했다. "그런가요? 어쩌죠, 류머티즘은 낫지 않고 관절통도 계속되겠군요."

몇 주 뒤 그는 여성을 다시 만났다. 그녀는 가벼운 발걸음으로 다가와 말했다. "당신 말대로 했습니다. 여동생을 만나 용서했어요. 그리고 다시 사이좋은 자매가 되었습니다. 어떻게 된 일인지, 그날 이후 몸이 점차 좋아져서 지금은 아팠던 흔적도 없이 거뜬해졌어요. 사실 여동생과 저는 떨어져서는 못 살 것 같을 만큼 가까워졌답니다." 이렇게 원인이 결과를 만든다.

실제로 이런 일도 있었다. 한 아기 엄마가 잠시 극심한 분노에 사로잡혔는데, 그로부터 한 시간도 지나지 않아 젖을 빨던 아기가 위험에 빠졌던 적이 있다. 엄마의 분노 때문에 몸이 독성물질을 만들어 모유가 독이 되고 만 것이다. 아기가 중병에 걸리거나 경련을 일으킨 사례도 있었다.

한 저명한 과학자가 여러 차례 이런 실험을 시행했다. 사람들을 더운 방 속에 넣어 문을 닫는다. 시간이 흐르면 사람들은 각자 어떤 감정 상태에 휩싸인다. 분노가 치미는 사람이 있는가 하면 어떤 격한 감정에 빠지는 사람들도 있다. 과학자는 각자의 몸에서 땀을 채취해 그 성분을 분석했다. 그 결과 그들이 어떤 감정 상태에 있었는지 알아낼 수 있었다. 각자의 침을 분석했을 때도 마찬가지 결과를 얻었다고 한다.

미국의 뛰어난 의과대학 졸업생으로, 사람들의 몸을 만들기도 하고 파괴하기도 하는 어떤 힘에 대해 깊이 연구해온 한 학자는 이렇게 말했다. 마음은 본래 몸의 보호자다. 모든 생각은 반드시 그에 대응하는 어떤 증상을 몸에 나타낸다. 질병이나 욕정, 여러 가지 악한 생각들은 영혼에 종양을 만들고 결국 육체의 병으로 나타난다. 분노는 침의 성분을 변화시켜 생명을 위협하는 독성을 만들기도 한다. 갑작스럽고 격렬한 감정은 몇 시간 안에 심장을 약화시켜 죽음이나 정신착란까지도 초래하는 것으로 알려졌다. 심한 죄의식에 사로잡힌 사람이 갑자기 흘리는 식은땀은 보통의 경우와는 구성성분이 다르다. 과학자들은 범죄자의 땀을 화학적으로 분석해 심리 상태를 알아낼 수도 있다(셀렌산과 접촉하면 독특한 핑크색을 나타낸다). 이미 잘 알려져 있듯이 두려움은 수많은 사람들의 목숨을 앗아가지만 용기는 삶의 큰 활력소가 된다.

앞에서도 언급했지만 엄마가 분노 상태에 있으면 아기에게 먹이는 젖이 독성을 띨 수 있다. 어떤 조련사가 말에게 화를 냈더니

마음은 몸의 보호자

말의 맥박이 분당 10회나 빨라졌다고 한다. 짐승도 이런데 인간에게, 특히 아기에게 분노의 감정이 어떤 영향을 끼칠지는 더 말할 필요도 없다. 격한 감정 때문에 구토를 하는 경우는 흔하다. 심하게 화를 내면 황달이 발생하기도 한다. 분노발작은 뇌졸중이나 사망으로 이어질 수도 있다. 단 하루라도 밤을 새우며 고민을 했다가 크게 몸이 상하는 경우가 한두 건이 아니다. 계속되는 질투나 끊이지 않는 근심걱정은 정신까지 병들게 할 수도 있다. 병에 대해 걱정을 많이 하거나 기분이 늘 가라앉아 있으면 질병이 발생하기 쉽고, 악한 생각에 빠져 있으면 실제 범죄로 이어질 수 있다.

이러한 사례들로부터 과학적으로 입증되고 있는 중요한 사실을 알 수 있다. 즉 불안한 마음과 나쁜 감정, 그리고 분노 등은 우리 몸에 여러 가지 영향을 끼치며, 그 영향이 심화되면 질병으로 진행되어 병을 달고 살아가게 된다.

희망은 영혼의 생명수이다

마음이 신체에 어떤 방식으로 영향을 끼치는지 좀 더 살펴보자. 순간적으로 분노 때문에 흥분하게 되면 우리 몸은 폭풍에 휩쓸린 상태가 되어 몸 전체에 변화가 생긴다. 즉 몸에 생명력을 불어넣는 정상적이고 건강한 호르몬 등이 산화되고 부식되어 제

기능을 다하지 못하고 건강을 해치는 독성을 띄게 되는 것이다. 이런 상태가 지속되면 그 영향으로 몸에 병이 생기게 된다. 이와 반대되는 감정들 역시 신체에 영향을 끼친다. 사랑과 친절함, 너그러움과 선의 등의 감정은 건강하고 깨끗한 생명을 주는 분비를 자극한다. 몸의 모든 통로가 활짝 열려서 생명력이 자유롭게 몸을 흘러다닌다. 이러한 힘들은 몸을 순환하면서 여러 독성과 질병(반대 감정에 의해 파생된 결과물들이다)을 제거한다.

의사가 환자를 방문한다. 별다른 약을 준 것도 아니지만 의사가 왔다는 사실만으로 환자의 상태는 훨씬 좋아진다. 의사가 환자에게 건강한 정신을 전해주기 때문이다. 의사가 전해준 밝은 분위기와 활력, 그리고 희망은 환자의 마음에 오묘하고도 강력한 효과를 나타낸다. 이러한 마음 상태는 환자의 신체에 그대로 반영되어 질병이 치유되기 시작한다.

기억하세요.
밝은 분위기와 평온한 기분에서
몸도 마음도 건강해집니다.
희망이 무엇보다 중요합니다.
희망은 영혼의 생명수이니까요.

병약한 사람은 가끔 다른 사람에게 "널 만나면 늘 몸이 나아지는 것 같아."라는 말을 한다. 이 말은 과학적으로도 근거가 있다. "지혜로운 사람의 혀는 건강을 가져다준다."라고 하는데, 인간의 마음은 현재 흥미로운 연구 분야로 각광받고 있다. 실제로 마음을 통해 놀랍고 강력한 힘이 발현될 수 있다. 한 뛰어난 해부학자는 사람의 신체 구조는 1년 사이에 완전히 바뀔 수 있으며, 어떤 조직들은 불과 몇 주 만에 완전히 달라질 수도 있다고 했다.

'우리 몸이 병들었어도 내적인 힘을 통해 건강한 몸으로 변할 수 있다는 뜻인가?' 물론이다. 그리고 이렇게 하는 것이 가장 자연적인 치유방법이라 할 수 있다. 약물이나 수술 등의 치료는 인위적 방법에 불과하다. 이와 같은 치료는 생명력이 더 잘 작동할 수 있도록 장애물을 제거해주는 역할을 할 뿐이다. 오직 내부의 생명력만이 진정한 치유를 가져올 수 있다. 세계적인 명성을 얻고 있는 한 의사가 최근 동료 의사들에게 말했다. "지난 몇 세대에 걸쳐 의학계에서는 건강에 가장 중요한 역할을 하는 '생명의 원리' 자체에 별 관심을 갖지 않았다. 의학 연구나 각종 의학적 처치들은 인간의 마음보다는 물질의 작용에 초점을 맞추어 왔다. 이 때문에 우리 의사들은 더 발전하지 못했고, 의학계에서 정신적 요소에 대한 지식은 여전히 초보적인 수준에 머물러 있다. 다행히 최근의 과학발전과 함께, 자연의 숨겨진 힘을 탐구하는 노력이 진행되는 중이다. 의사들도 이제 심리학을 배우고 심리치료를 적극 활용하며 그 흐름에 합류해야 한다. 망설일 때가 아니다."

최근에도 이와 관련해 어리석은 일들이 여러 차례 있었다. 황당한 주장과 유치한 가설들이 제기되었지만 그것들은 세상만사의 바탕이 되는 위대한 법칙과는 아무런 관련이 없었다. 윤리학이나 철학 혹은 종교 등 다른 영역들도 발전 초기에는 이런 과정을 거쳤다. 하지만 시간이 지나면 시행착오를 거쳐 어리석은 일들이 차츰 사라지고 위대하고 영원한 원리가 확고하게 자리 잡고 더욱 명료해지고 있다.

나는 이러한 힘의 작용으로 완전하게 치유된 사례를 많이 알고 있다. 그중에는 불과 며칠 만에 병이 나은 경우도 있었다. 통상적 의학, 즉 병원에서 완전히 포기한 사람들도 있었다. 그런 일은 모든 시대에 수없이 일어났다. 사실이 이런데 그와 같은 치유의 힘이 오늘날은 없다고 생각할 이유가 있을까? 그 힘이 존재하는 것은 분명하다. 과거의 사람들이 알았던 그 위대한 법칙을 우리가 어느 정도 깨닫느냐에 따라 그 힘을 구현하는 게 달라질 뿐이다.

세상에는 놀라운 치유의 힘을 가진 사람들이 있다. 그런데 이런 경우에는 치료받는 쪽의 협력이 반드시 필요하다. 예수는 사람들을 치유할 때 언제나 "당신은 믿습니까?"라고 물었다. 치유를 원하는 사람의 내면에서 생명력이 작동하도록 한 것이다. 너무 병약하거나 신경이 극도로 피폐해진 사람 혹은 질병으로 정신이 혼미한 사람들은 일시적으로 다른 사람의 도움을 받을 수도 있다. 하지만 이 경우에도 병자 스스로 자기 안에 무한한 힘이 존재한다는 사실을 깨닫는 것이 가장 좋은 일이다.

누군가 치유에 도움을 줄 수도 있다. 하지만 궁극적인 치유는 스스로 해야 한다. 이 경우에도 내부의 힘을 일깨워주는 스승이 있을 수 있지만 완전한 치유를 위해서는 자기 자신의 역할이 절대적이다. 병자를 치유한 예수는 늘 이렇게 말했다. "가거라, 이제 더 이상 죄를 짓지 말라." 혹은 "너의 죄는 용서받았다." 이 같은 말은 영원하고 절대 변하지 않는 한 가지 사실을 가리키고 있다. 즉 모든 질병과 그에 수반되는 고통은 영원한 법칙을 벗어난 데 따른 직접적이거나 간접적인 결과인 것이다. 의도적이든 의도하지 않았든, 혹은 의식적이든 무의식적이든 간에.

죄를 짓는 동안 사람들은 고통스럽다. 여기서 말하는 죄는 종교적 의미만이 아니라 철학적 의미의 죄 혹은 그 양자 모두가 해당

된다. 영원한 법칙을 벗어났다가 다시 돌아와 법칙과 완벽한 조화를 이루면 그 순간 모든 고통의 원인도 사라진다. 법칙을 벗어남으로써 일어난 일들은 남아 있겠지만 원인이 제거되었으므로 더 누적될 결과는 없다. 그리고 올바른 힘이 작동하면 과거에 얻은 질병도 곧 사라진다.

자기 안의 무한한 힘을 깨달아라

우리 삶을 지배하는 법칙과 가장 빠르고 완전하게 조화를 이루는 방법은 모든 생명들의 생명인 '무한한 영'과 하나임을 분명히 자각하는 것이다. 여기에는 질병이 끼어들 여지가 없다. 이 신성한 흐름에 자신을 완전히 열면 지금까지 몸에 쌓여 있던 장애물들, 즉 몸을 좀먹고 있던 질병들이 제거된다.

'무한한 영'과 자신이 하나라는 사실을 깨달은 사람은 자신을 더 이상 육체적·물질적 존재가 아닌 영적인 존재로 생각하게 된다. 이제 그는 자신이 질병에 걸려 죽을 수도 있는 육신만이 아니라 불멸의 영혼이라는 사실을 깨닫는다. 그리고 그 영혼이 거주하는 집인 육신의 주인이 바로 자기 자신이라는 것도 깨닫게 된다. 자신이 육신의 주인이라는 걸 깨닫는 순간 우리는 더 이상 육신이 주인 노릇하도록 내버려두지 않는다. 그동안 무지했기 때문에 육신이 좌지우지되던 여러 요소나 힘도 더 이상 두렵지 않게 된다. 자신에게 내재된 힘을 깨닫는 순간, 그걸 몰랐던 과거에 두려워했던 것들을 사랑할 수 있게 되고 이들과 조화를 이룬다. 그보다는 자신과 조화를 이루도록 그 힘에게 명령을 내린다. 이전에는 노예였지만 이제 주인인 것이다. 무엇을 사랑하게 되면 그것이 내게 해를 끼치는 일은 절대 없다.

현재 몸이 약하거나 병에 걸려 고생하는 사람들은 수없이 많다. 하지만 이들도 자기 내부에서 '무한한 영'의 힘이 작동하도록 하면 충분히 건강해질 수 있다. 신성한 흐름에 자신을 닫아서는 안 된다. 이것이 가장 중요하다. 자신을 열고 받아들여야 한다. 그때 이 흐름은 지금까지 내 몸을 좌지우지해온 장애물들을 몰아내는 힘이 될 것이다.

오래전부터 흙탕물이 흐르는 수로가 있다. 자연히 흙이 물속에 가라앉아 수로 바닥에 쌓인다. 흙탕물이 흘러들어오는 한 흙은 계속 쌓일 것이다. 이 상황을 바꿔야 한다. 수로를 수정처럼 맑은 물이 흐르는 개울 쪽으로 터놓자. 그러면 얼마 지나지 않아 바닥에 그간 쌓인 흙까지 씻겨 내려가 수로는 깨끗해지고 맑은 물이 흐를 것이다. 이 물은 사람들을 상쾌하게 해주고, 이를 마시는 사람들은 맑은 기운과 건강을 얻게 된다.

그렇다. '무한한 생명의 영'과 자신이 하나임을 깨닫고, 자신에게 잠재된 가능성과 힘을 온전히 되살리면 불안이 평안으로, 부조화가 조화로, 고통과 허약이 건강과 강인함으로 바뀐다. 이렇게 완전함을 되찾으면 당신은 건강과 힘을 다른 사람들에게도 나눠줄 수 있다. 질병만 전염되는 것이 아니라 건강도 전염된다는 사실을 명심해야 한다.

치유는 언제나 마음에서 시작된다

이러한 진리를 현실에서 적용하는 방법이 무엇인지 묻는 사람이 있다. 그대로 실천해서 자신이 현재 앓고 있는 병을 치유하고 완벽한 건강을 되찾고 싶다는 요구다. 그 대답은 이렇다. 먼저 그 바탕이 되는 위대한 원리를 이해해야 한다. 이것이 가장 중요하다. 그 다음에는 각자 상황에 맞게 적용해야 한다. 사람마다 그 방법이 다르기 때문에 누군가 대신해 줄 수 있는 것이 아니다.

완벽한 건강이라는 생각을 갖는 것 자체가 중요하다. 그 순간 이미 내부의 생명력이 작동하고 점차 완전한 건강이라는 효과가 나타난다. 그다음에는 이 위대한 원리 자체와 관련하여 보다 직접적으로 말할 수 있어야 한다. 원리가 존재한다는 걸 이해하는 것만으로도 도움이 될 수 있지만, 실제로 자기 안의 그 원리를 실천해야 한다.

이러한 이해와 실천에 대해 자신을 활짝 열어 순식간에 치유된 사람들이 있다. 열정이 강할수록 시간은 더 단축된다. 그러나 두려워하거나 혼란스럽거나 서두르는 열정이 아니라 차분히 기다리며 기대하는 열정이어야 한다. 물론 이런 진실을 천천히 깨달아가는 사람들도 있다.

편안한 마음으로, 세상 만물을 사랑하는 마음으로 내면의 평화를 유지하면서 자신이 '무한한 생명의 영'과 하나라고 생각하라. 나는 영적인 존재이기 때문에 어떤 질병도 나를 굴복시킬 수 없다. 혹시 지금 질병이 퍼졌다면 '무한한 생명'의 흐름에 내 육신을 활짝 열어젖혀라. 이제 서서히 생명의 물결이 내 몸으로 폭포수처럼 쏟아져 들어와 구석구석으로 흘러다니며 치유를 진행한다. 이러한 사실을 완전히 이해하고 실천하면 당신의 몸은 생명력으로 충만해지고 건강해질 것이다. 점점 나아지고 있다는 것을 믿고 그 믿음이 흔들리지 않아야 한다. 많은 사람들은 이것을 진정으로 원하고 있으면서도 실제로는 저것을 기대한다. 그들은 선(善)보다는 악(惡)의 힘을 더 믿기 때문에 병에서 벗어나지 못하는 것이다.

이것을 명상이나 자각 혹은 실천이라고 표현해도 좋다. 어떤 형태든 자주, 그리고 꾸준히 실행하며 마음자세를 한결같이 유지해라. 그러면 몸속에서 생명력이 지속적으로 작동하여 놀랄 만큼 빠르게 흐트러진 상태나 질병이 안정적인 건강상태로 바뀌게 된다. 이는 결코 놀랄 일이 아니다. 모든 생명의 근원인 '무한한 능력'이 작용하도록 길을 열어주는 것만으로 누구에게나 일어날 수 있는 일일 뿐이다.

몸의 어떤 부위에 문제가 있다면, 생명력의 흐름에 마음을 열면서 그 부위에 생각을 집중하라. 치유는 언제나 마음에서 시작되어야 한다. 치유가 되었다 해도 근본 원인이 제거되지 않으면 문제는 또 생길 수 있다. 위대한 법칙에서 어긋나 있는 한 질병과 고통은 당연히 끊어지지 않는다.

질병에 걸렸을 때만 해당되는 일이 아니다. 몸이 아프지 않더라도 마음의 문만 열면 우리 몸의 생명력과 역동적인 기운이 한층 커질 수 있다.

마음을 열고 자신의 내부를 들여다보라

어느 시대 어느 나라에서나 외부의 도움 없이 자기 내부의 힘만으로 병을 치유한 사례는 헤아릴 수 없이 많다. 그 방법이나 명칭은 다양하지만 그 바탕에서 작동하는 원리는 동일하며 오늘날도 마찬가지다. 예수는 사도들을 파견하면서 사람들을 일깨우는 동시에 병자와 고통 받는 이들을 치유하라고도 명했다. 초기 교회 사도들은 치유의 능력을 갖고 있었으며 그것이 주된 임무 중 하나이기도 했다.

그 시대 사람들이 가지고 있었던 능력이 오늘날 우리에게는 없는 것일까? 무엇도 달라진 게 없다. 이 시대에 그런 능력이 없는 것은 우리가 말로만 할 뿐 진정한 영혼과 능력에 다가가지 못하기 때문이다. 생명과 능력을 불어넣는 것은 말이 아니라 영혼이다. 사람들마다 다르게 표현될 수밖에 없는 말의 한계를 넘어 진정한 영혼에 다가가야 과거 사람들이 가졌던 힘을 얻을 수 있다. 그리고 그 힘을 다른 사람들을 위해서도 사용할 수 있다.

모든 질병과 그로 인한 고통이 혼란스러운 정신과 감정 상태에서 비롯된다는 사실이 더욱 분명하게 드러나고 있다. 무엇에 대해 우리가 어떤 마음을 가지는가에 따라 그것이 우리에게 미치는 영향도 달라진다. 우리가 두려워하거나 부정적인 마음을 가지면 그것은 해롭고 파괴적인 영향을 준다. 하지만 조용히 내면을 바라보면서 그것과 조화를 이룬다면 그로 인해 피해를 입을 일이 없다. 얼마나 조화를 이루느냐에 따라 그 결과도 달라지는 것이다.

우리 내부에 뭔가 원인이 있기 때문에 병이 생긴다. 어떤 악조건이라도 우리 안에서 그것을 받아들이지 않으면 우리 삶 속에서 발생할 수 없다. 모든 일의 원인이 우리 안에 있다는 것을 인식하고 가능한 빨리 그것을 찾아내려고 노력해야 한다. 좋은 것들만 들어오도록 우리 내부의 환경을 바꿀 수 있기 때문이다.

인간은 모든 상황을 지배할 수 있는 존재로 태어났다. 이를 깨닫지 못하기 때문에 온갖 질병과 나쁜 상황에 억눌려 고통 받는다.

자신의 내적인 힘을 깨달으면 우리는 주도적으로 명령을 내릴 수 있다. 우리 안에서 찾아내는 것은 무엇이든 현실화할 수 있으며, 원하면 무엇이든 우리 것으로 만들 수 있다. 영적인 법칙에 순응하는 것이 열쇠다. 자연법칙은 모두 영적 법칙이기 때문이다.

세상의 모든 일은 원인과 결과로 이루어진다. 이 광활한 우주 어디에도 우연은 존재하지 않는다. 그런데 우리는 세상일에 만족하지 못하고 불만스러울 때가 있다. 그럴 때는 자신의 운명이나 숙명을 탓하며 시간을 낭비할 것이 아니라 자기 내부를 들여다보며 그 일의 원인을 찾아야 한다. 우리에게 일어나는 일의 원인은 우리 내부에 있다. 그 원인을 변화시켜서 지금까지와는 다른 일들이 일어나도록 해야 한다. 이것은 육신만이 아니라 인생의 모든 일에 해당되는 원칙이다. 우리에게 일어나는 일은 우리 스스로가 끌어들인 것이다. 의식적이든 무의식적이든 우리가 원인을 제공하지 않으면 어떤 일도 일어나지 않는다. 이러한 사실을 선뜻 믿기 어려운 사람들도 있을 것이다. 마음을 열어 숨김없이 자신의 내부를 들여다보라. 자신에게 일어난 일들의 원인과 결과를 천천히 살펴보면 그 모든 것이 훨씬 분명하고 쉽게 이해될 것이다.

살아가는 동안 생기는 모든 일은 마음먹기에 따라 우리에게 영향을 끼친다. 어떤 일이 당신에게 골칫거리일 수 있다. 그러나 그 일로 자신의 평화가 깨어진다면 순전히 스스로 자초한 것이다. 우리는 자신의 조건을 절대적으로 통제할 수 있는 존재들이다. 이런 역량을 잠시라도 다른 누구 혹은 다른 무엇에게 넘겨줘 버린다면 그에게 통제당하는 노예가 되고 만다.

외부에서 일어나는 일들에 휩쓸리지 않고 살아가려면 자기 자신의 중심을 찾아야 한다. 그리고 그 중심에 굳건히 서서 외부 세계를 통제해야 한다. 스스로 통제하지 못하면 도리어 지배를 받게 된다. 자신의 중심을 찾아 그 속에서 살아가야 한다. 누구에게도 무엇에게도 그 중심을 내어주면 안 된다. 자신의 중심을 확고하게 할수록 우리는 강해진다. 그렇다면 그 중심은 어떻게 찾을 수 있을까? '무한한 권능'과 자신이 하나라는 사실을 깨닫고 이를 실천해 가는 것이다.

자신이 중심을 확고히 하지 못해 고민이나 악(惡), 혹은 피해를 초래하게 되었다면, '무한한 선(善)'에게 불평을 할 일이 아니라 자기 안에서 원인을 찾아야 할 것이다.

완전하고자 하는 이들에게
이 땅은 실로 완전하다.
엉키고 비틀린 이들에게는
언제까지나 엉키고 비틀려 있을 것이다.

영혼의 창이 깨끗해야 눈부신 아름다움이 보인다

영혼의 창이 때 묻어 혼탁해지면 그 창을 통해 보이는 세계도 혼탁하고 무질서해 보인다. 마음이 기죽어 있으면 '불쌍하고 불행한 자신'이 창에 비친다. 불평을 멈추고 영혼의 창을 깨끗이 하면 '영원한 태양'이 내 안을 비추고 바깥세상 모두가 눈에 들어온다. 전혀 다른 세상에서 살게 되는 것이다.

다른 세상을 그리워하지 말고 영혼의 창을 깨끗이 해보라. 세상의 눈부신 아름다움을 발견할 것이다. 세상 곳곳에 널린 아름다움을 발견하지 못한다면, 어디에서도 그러한 아름다움을 찾을 수 없다.

　　시인의 눈길이 닿으면
　　딸기넝쿨에 시(詩)가 매달리고
　　셰익스피어가 길을 걸으면
　　거리에서 무도회가 열린다.

그가 걷는 거리마다 무도회가 열린다는 셰익스피어는 작품 속 인물의 입을 빌려 이렇게 말했다. "브루투스여, 잘못은 별이 아니라 우리 자신에게 있다네. 바로 우리가 원인이니." 작품 속 대사로 볼 때 그는 우리가 지금 이야기하고 있는 진리에 대해 완전히 깨닫고 있었음이 분명하다. 다음과 같은 말로 그는 이 진리를 다시 한 번 분명히 했다.

　　의심은 배반자,
　　시도하려는 마음에 두려움을 만들어,
　　우리가 얻을 수 있는 것도 잃게 만드나니.

두려움보다 더 나쁜 것은 없다. 우리는 어떤 것에도 두려움 없이

살아야 한다. 우리가 자신을 완전히 알게 되면 두려워할 일도 없을 것이다. 프랑스의 옛 속담이 있다.

지금 당신의 슬픔도 언젠가는 희미해지리,
당신은 가장 극심한 슬픔도 견뎌냈으니.

그러나 일어나지도 않은 일로 괴로워한다면
그 고통은 결코 사라지지 않으리.

두려움보다 더 나쁜 것은 없다

두려움과 불신은 항상 함께 다닌다. 한쪽이 다른 한쪽을 낳는 경우도 많다. 어떤 사람의 두려움의 크기를 알려면 그가 얼마나 믿음이 없는지 알면 된다. 두려움은 값비싼 대가를 치르게 하며 걱정도 마찬가지다. 뭔가를 두려워하면 실제로 그것이 찾아온다. 두려움에 사로잡힌 마음은 두려운 대상이 들어올 수 있도록 문을 열어 두려워하는 일이 현실이 되게 한다.

어느 날 동양의 한 순례자가 역병을 만나 "지금 어디로 가는 중입니까?" 하고 물었다. 역병은 "바그다드로 가서 5000명을 죽이려고 해."라고 대답했다. 며칠 후 그 순례자는 돌아오고 있는 역병을 만났다. "바그다드에 가서 5000명을 죽일 거라고 하더니 5

만 명이나 죽였더군요." 그러자 역병이 대답했다. "내가 직접 죽인 건 5000명뿐이야. 나머지는 두려움에 질려 죽어버렸어."

두려움은 몸의 모든 근육을 마비시킨다. 몸이 굳어서 꼼짝달싹 못할 수도 있다. 혈액순환에도 영향을 끼쳐 정상적이고 건강한 생명의 활동을 방해한다.

어떤 것을 두려워하면 실제로 두려움의 대상이 몰려들 뿐 아니라 다른 사람들에게도 두려움이 전염된다. 두려움이 크고 깊을수록 주위에 미치는 영향도 커진다.

아이들, 특히 어린아이들은 어른들보다 주위 영향에 훨씬 더 민감하다. 자신들에게 미친 영향을 마음에 새겼다가 죽음기처럼 꺼내보곤 하는 아이들도 있다. 아이를 키우는 엄마들은 아이의 정신 상태에 주의를 기울여야 한다. 특히 임산부는 더욱 신경을 써야 한다. 엄마의 모든 생각, 정신 상태와 감정이 아이에게 직접적인 영향을 준다. 어떤 상황에서도 아이가 두려움에 사로잡히는 일이 없도록 조심해야 한다. 의도하지 않았지만 지나친 걱정 때문에 그렇게 만들어버리는 경우도 있다. 과잉보호는 방치 못지않게 나쁜 영향을 미친다.

혹시 아이에게 이런 일이 일어나지 않을까, 저런 일이 생기면 어떡하나 하고 끊임없이 아이를 걱정하다보면 실제로 그런 일이 닥치기도 한다. 아이가 두려워하지 않았다면 일어나지 않았을 수도 있는 일이다. 두려움은 많은 경우 근거가 없다. 만약 근거가 있더라도 그와 상반되는 자세로 두려움에 맞설 수 있도록 해야 한다. 그런 훈련을 통해 아이는 상황에 휘둘리지 않고 이를 지배할 수 있는 지혜와 힘을 키워가게 된다.

근심걱정과 두려움 같은 정신 상태는 남녀노소 누구에게나 커다란 문제를 초래할 수 있다. 두려움은 건강한 행동을 마비시키고, 근심걱정은 정신을 갉아먹어 결국은 피폐하게 만든다. 이런 정신으로는 얻는 것은 없고 모두 잃을 뿐이다. 상실로 인한 슬픔이 오래되어도 같은 결과를 초래한다. 탐욕이나 이기심, 축재(蓄財) 등도 마찬가지다. 분노와 질투, 악의, 비방 역시 사람들을 너덜너덜하게 만든다.

마음이 몸을 아름답게 만든다

지고한 법칙과 조화를 이루며 살아가면 행복과 풍요가 함께할 뿐만 아니라 육체적 건강도 얻게 된다. 한 유다인 현자는 "정의를 구하면 생명을 얻고, 악을 추구하면 죽음에 이르게 된다."는 말로 인생의 신비로운 현상을 표현했다. 그는 또 말했다. "정의의 길은 생명이며, 여기에는 죽음이 존재하지 않는다." 이 말에는 대부분의 사람들이 생각하는 것보다 훨씬 더 많은 의미가 담겨 있음을 언젠가 알게 될 것이다. "자신의 영혼이 아름답고 장엄한 저택의 주인으로 살지, 곧 허물어질 낡은 판잣집에 갇히게 할지를 결정하는 건 바로 자기 자신이다."

조화를 이루지 못한 채 한쪽으로 쏠린 삶을 살아가는 사람들은 해가 갈수록 몸이 허약해져서 결국은 주어진 시간이 다하기 전에 망가져버린다. 슬프고 가련한 인생이여! 건강한 영혼이 머무르는 아름다운 사원이어야 할 육체가 무지하고 무례하고 어리석은 영혼을 만나 폐허가 되어버리는구나!

생각의 힘에 대해 집중적으로 연구하고 관찰해보면, 현재의 정신 상태나 정신적 문제로 나타난 영향을 목소리나 움직임 등 신체적 특징에서도 알아낼 수 있다. 더 나아가 그런 특징의 이유를 설명하고 신체의 구체적 질병까지도 찾아낼 수 있다.

인간의 몸과 구조, 그리고 신체가 성숙해지는 시간 등을 다양한 동물들의 상황과 비교해보면 인간의 본래 수명은 120세 정도라고 한다. 현재 관찰되는 평균 수명보다 훨씬 긴 시간이다. 하지만 우리 주위에서 볼 수 있듯이 사람들의 몸은 강하고 활기차게 지속돼야 할 중년기가 끝나기도 전에 병들고 망가져서 노쇠해진다. 당연히 수명도 짧아질 수밖에 없다.

상황이 이렇다보니 우리는 사람들의 수명이 훨씬 짧다고 믿어왔다. 누구나 어느 정도 나이가 되면 노화의 징후를 알아차리고 내리막길로 접어들었다는 느낌을 갖는다. 대부분의 사람들은 어쩔 수 없는 일이라며 자연스럽게 받아들인다. 그런데 실은 이런 마음 자세가 노화 시기를 더 앞당긴다. 마음은 미묘하고도 강력한 영향력을 발휘하여 몸을 바꿀 수 있다. 이에 대한 이해가 깊어지면 우리는 나이 들어 찾아오는 제2의 청춘을 즐기게 될 수도 있다.

내가 아는 80대 여성 한 분은 대부분의 사람들에게 노인이라거나 할머니로 불릴 것이다. 하지만 그녀를 노인이라고 부르는 것은 검은색을 흰색이라 칭하는 것과 같다. 그녀는 25세 여성과 비교해도 더 나이 들어 보이지 않는다. 보는 사람에 따라서는 그 나이 여성들보다 더 젊어 보인다는 사람도 있다. 그녀는 모든 것과 모든 사람들에게서 선(善)을 찾기 때문에 어디에서나 선을 접한다. 사람들은 평생 한결같은 그녀의 밝은 성격과 목소리를 매력적으로 느낀다. 그녀의 기질과 목소리는 그녀를 만난 수백 수천의 사람에게 힘과 용기를 주었고, 아마 앞으로도 그럴 것이다.

그녀의 정신세계에는 불안이나 걱정, 증오, 질투, 슬픔, 원망, 후회, 집착 등의 생각이 끼어들지 못한다. 이런 생각들의 결과로 나타나는 몸의 비정상적 상태, 즉 여러 질병들 역시 그녀의 몸에서는 일체 발견할 수 없다. 대부분의 사람들은 이 중요한 사실을 깨닫지 못하기 때문에 질병을 '누구나 피해갈 수 없는' 것이라며 자연스럽게 받아들인다. 그녀의 삶은 훌륭한 본보기라 할 수 있다. 그녀가 생각의 힘에 무지해 자기 안에 부정적인 생각들이 들어오는 걸 방치했다면 그녀의 몸에서도 숱한 질병이 발견됐을 것이다. 하지만 그녀는 현명했다. 자기 정신의 주인이 바로 자신이며 어떤 것을 허용하거나 거부할 것인지 결정할 권한이 자신에게 있음을 그녀는 알았다. 그리고 이러한 결정으로 자신의 삶이 결정된다는 것도 잘 알았다. 그녀가 밝은 얼굴에 정겨운 미소를 띠고 활기찬 발걸음으로 지나갈 때마다 사람들은 덩달아 기쁘고 영감을 얻었다. 그녀는 "마음이 몸을 아름답게 만든다."는 셰익스피어의 말이 진리라는 걸 보여주는 증인이다.

그런 그녀를 만나면 언제나 즐겁다. 최근에도 그녀를 본 적이 있다. 그녀는 길을 가다가 놀고 있던 아이들 무리에 들어가 이런저런 말을 건넸다. 세탁물을 한아름 안고 가는 여자에게도 인사를 건네고, 빈 도시락을 들고 집으로 돌아오는 남자와도 걸음을 멈추고 몇 마디 이야기를 나누었다. 자동차 안에서 인사하는 여자에게 답례 인사를 하는 것도 잊지 않았다. 그녀는 만나는 모든 사람에게 자신의 풍요로운 삶을 나누어주고 있었다.

그녀를 지켜보고 있을 때 한 노부인이 그녀 옆을 지나갔다. 아주 늙어 보이는 모습이었다. 지나온 계절 수로만 따지면 그녀보다 최소한 열 살이나 열다섯 살은 더 젊은 나이였지만 등은 휘고 관절은 굳어 있었다. 오랜 슬픔에 지친 듯 무표정한 얼굴에 짙은 베일이 드리운 검은 모자가 분위기를 더욱 침울하게 만들었다. 옷차림 전체가 상복처럼 음침했다. 그녀의 이런 차림새와 표정은 세상을 향해 두 가지를 호소하는 것 같았다. 하나는 그녀 자신의 슬픔과 고뇌로, 아마도 그녀는 그런 옷차림과 표정 때문에 언제나 더 슬픔에 빠졌을 것이다. 또 하나는 그녀가 '영원한 선(善)' 따위는 믿지 않는다는 것이다. 그는 '무한한 신(神)'의 사랑을 믿지 않는 것처럼 보였다.

자신의 슬픔과 번민, 그리고 병에 대한 걱정에 사로잡힌 노부인은 지나가다 만나는 어느 누구와도 기쁨이나 희망 혹은 용기가 될 만한 말을 주고받지 않았다. 근심이 가득한 그녀를 보며 보통 사람들의 마음도 덩달아 침울해져버렸다. 그녀가 우리 친구 곁을 지나가면서 얼굴을 약간 돌렸는데 그 얼굴에 나타난 표정으로 그녀의 생각을 짐작할 수 있었다. '당신 옷이나 행동은 당신

나이 여자에게 전혀 어울리지 않는군요…….' 그러나 어울리지 않아도 좋다. 오히려 더 고마운 일이다. 신의 크신 사랑과 선함으로 우리에게 저 소중한 친구 같은 사람을 더 많이 보내주기를 청한다. 그리고 그들이 천 년을 살면서 사람들을 축복해주고, 그 고귀한 인생으로 더 많은 사람에게 생명력을 전해주기를 바라자. 세상에는 그런 영향이 필요한 사람이 여전히 많다.

인생은 자신의 생각에 의해 결정된다

나이가 들어도 젊음을 유지하며 젊음의 기쁨과 활기를 누리고 싶은가? 그렇다면 한 가지만 명심하라. '인생은 자신의 생각에 의해 결정된다.' 싯다르타는 "모든 것은 마음먹기에 달려 있으며, 생각이 그 사람을 만든다."고 했다. 존 러스킨(John Ruskin)도 이와 같은 뜻으로 말했다. "즐거운 생각으로 마음을 가득 채워라. 어떤 역경에도 꺾이지 않는 아름다운 생각만으로 우리는 멋진 궁전을 지을 수 있다."

젊을 때의 아름답고 유연하며 강인한 몸을 계속 유지하고 싶은가? 그렇다면 항상 이런 마음을 흩뜨리지 않아야 한다. 생각이 몸으로 표현되어 몸도 젊음을 유지한다. 그러면 몸이 또 마음을 돕는다. 마음이 몸을 만들듯 몸도 마음에 도움을 주는 것이다.

몸은 언제나 자신의 생각이나 감정과 비슷한 상태가 된다. 자신의 내부로부터 만들어질 뿐만 아니라 비슷한 성격의 힘을 외부에서도 끌어온다. 당신이 어떤 생각을 하면 외부에 있는 비슷한 생각들과 연결된다. 밝고 기쁘며 희망적인 생각을 하면 이런 생각의 흐름에 자신을 합류시키게 된다. 슬픔과 불안으로 의기소침해지면 그 감정들의 강도만큼 외부의 그와 비슷한 생각들과 무의식적으로 연결되는 것이다.

우리는 어린 시절에 그랬던 것처럼 아무런 걱정 없이 즐겁기만한 생각, 즉 동심으로 자신을 채워야 할 필요가 있다. 놀이에 열중한 아이들은 의식하지 않아도 외부에 존재하는 즐거운 생각들을 자기 몸으로 끌어당긴다. 아이를 친구들로부터 떼어 혼자 있게 하면 금방 활기를 잃고 울적해 한다. 동심의 흐름에서 단절되어 '아이 같지 않게' 되어버리는 것이다.

멀어져버린 동심의 흐름을 다시 끌어와야 한다. 살아가는 일에 너무 심각하고, 너무 슬퍼하고, 지나치게 몰입하며 살고 있는 건 아닌가? 유치하지 않고 어리석어 보이지 않고도 동심을 즐기며 살아갈 수 있다. 쉬는 동안에라도 동심으로 돌아갈 때 오히려 일이 더 잘 풀릴 수도 있다. 늘 일에 파묻혀 걱정한다고 더 얻을 게 있는가? 이런 상태가 지속되면 미소마저 잃어버리게 된다.

보통 열여덟 살에서 스물 살 정도가 되면 마음이 동심에서 멀어지며 인생을 좀 더 심각하게 바라보기 시작한다. 직장을 다니며 혼란과 걱정, 책임 등에 짓눌리기도 한다. 남자든 여자든 여러 가지 골치 아픈 문제도 끼어든다. 일에 파묻혀 여가는 뒷전이 된다. 연배가 높은 사람들과 어울리며 그들의 낡은 생각과 사고방식을 받아들인다. 때로 의문을 품거나 고쳐보려는 시도도 없이 틀린 것까지 그대로 흡수한다. 근심으로 가득 찬 생각의 흐름에 자신의 마음을 열어버리는 것이다. 당신도 의식하지 못하는 사이에 이런 흐름에 빠져들어 갔다. 그런 생각들이 피가 되고 살이 되었다. 마음에서 보이지 않는 요소들이 몸으로 흘러들어가 쌓이거나 응고된 결과가 몸으로 드러난다. 어느 날 당신은 열네 살 때는 식은 죽 먹듯이 올라갔던 나무를 쳐다보기만 해야 된다. 몸이 굳어버려 말을 듣지 않기 때문이다. 당신의 마음이 줄곧 무겁고 유연성 없는 생각들을 몸에 보내고 있었기 때문에 몸이 딱딱하게 굳어온 것이다.

바람직한 변화는 모든 측면에서 골고루 탄탄한 생각의 흐름을 끌어당김으로써 가능해진다. '전능한 힘'이 이끄는 최선의 길을 따라 자기도 모르는 사이에 습관적으로 생겨난 건강하지 못한 생각들을 바로잡으면서 가야 한다. 지난 시간 동안 인류의 몸은 허약해졌다. 그러나 앞으로도 반드시 그렇게 되라는 법은 없다.

영적인 지식이 쌓이면 허약해진 원인을 알게 될 것이며, 이를 제대로 이용하여 과거처럼 '힘의 법칙'에 무지해 몸이 허약해지는 걸 방치하지 않고 날마다 새롭게 몸을 강하게 만들어 갈 수 있다.

우리 몸의 병은 스스로 만든다

건강하고 활력에 넘치는 것이 생명의 정상적이고 자연스런 상태다. 그렇지 않은 것은 모두 비정상적이며, 비정상적 상태는 대부분 마음의 혼란에서 비롯된다. 신은 결코 질병이나 고통을 만들지 않았다. 그걸 만든 건 인간들이다. 인생을 지배하는 법칙을 제대로 모르고 이를 벗어난 까닭에 생긴 문제들일 뿐이다. 오랫동안 이런 경우가 너무 잦았기 때문에 우리는 이를 어쩔 수 없는 일이라고 생각하게 되었다.

어쩌면 앞으로는 의사가 환자의 몸이 아니라 마음을 치료해 몸을 낫게 할 때가 올 것이다. 질병에 걸린 후에 건강을 회복시키는 일보다 사람들이 건강을 유지할 수 있도록 가르치는 스승의 역할이 의사의 주된 임무가 될 것이다. 그때는 무엇보다 사람들 각자가 스스로에 대한 의사가 된다. 우리 존재를 지배하는 지고한 법칙과 조화를 이루고 마음과 영혼의 힘에 대해 더 깊이 이해하며 살아가면 큰 신경을 쓰지 않아도 몸의 건강을 유지할 수 있을 것이다.

지금도 몸에 너무 많은 신경을 쓰지 않는 것이 건강에 더 좋다는 사람들이 있다. 그리고 어떤 사람들은 신경을 덜 쓸수록 더 건강하게 생활하기도 한다. 몸에 대해 이상하게 생각하고 지나치게 걱정을 하기 때문에 건강을 해치는 사람들도 있다.

우리 몸에는 영양과 운동, 맑은 공기와 햇볕이 필요하다. 그리고 항상 몸을 깨끗이 해야 한다. 이렇게 했다면 더 이상은 몸 걱정은 하지 않는 게 좋다. 몸에 대한 생각이나 대화를 할 때도 나쁜 쪽으로는 떠올리지 않고, 병에 대해 이런저런 이야기도 할 필요가 없다. 그런 이야기는 자신뿐만 아니라 듣는 사람에게도 즐겁지가 않다. 상대방이 듣고 즐거운 이야기를 하자. 그렇게 할 때 상대에게도 질병이나 허약함이 아닌 건강과 강인함을 전해줄 수 있다.

나쁜 쪽으로 생각하면 실제로 악화될 수 있다는 건 우리 몸뿐만 아니라 모든 것에 적용되는 진실이다. 현대의학 교육을 받고 내적인 힘이 할 수 있는 일에 대해서도 많은 관찰과 연구를 거친 한 의사가 몸과 마음의 관련성에 대해 이렇게 말했다. "병에 대해 끊임없이 걱정해서는 절대 건강해질 수 없다. 결함에 얽매이면 완벽해질 수 없고, 어긋남에 지나치게 신경을 쓰면 조화를 이룰 수 없는 것과 마찬가지다. 우리는 항상 조화로운 건강이라는 더 높은 마음가짐을 유지해야 한다……."

'이런 병이 생기면 어쩌지' 하고 생각하거나 자꾸 그런 말을 해서는 안 된다. 이런저런 증상이 있다고 걱정하는 습관도 버리는게 좋다. 우리 몸의 주인이 자신임을 절대 잊지 말아야 한다. 몸의 질병보다 훨씬 우월한 존재라는 사실을 잊지 않고 열등한 힘의 지배를 받을 수 없다고 스스로를 확신시켜야 한다.

아이들에게도 어려서부터 건강하게 생각하는 습관과 보다 높은이상, 인생의 순수 등을 가르쳐 자신과 질병 사이에 튼튼한 벽을 쌓게 하자. 나쁜 것을 가까이 하면 안 된다고 가르치는 것처럼 죽음과 병에 대한 걱정, 증오나 복수심, 질투, 육체적 욕망 같은 왜곡된 감정들을 몰아내도록 가르치자. 나쁜 음식과 나쁜 공기는 나쁜 혈액을 만든다. 혈액이 나빠지면 조직도 나빠진다. 몸이 나빠지면 결국 정신도 그렇게 된다고 가르치자. 순수한 생각이 인생을 깨끗하게 만들고 건강한 생각이 건강한 몸을 만든다는 것을 알려주자. 마음을 강하게 단련해 살아가면서 마주치는인생의 적들에 맞서 싸우라고 가르치자. 환자들에게도 희망과자신감, 기쁨을 전해주자. 우리의 생각과 상상력을 무한히 확대하자. 누구도 자신이 생각하는 가능성을 넘어설 수는 없다. 자신의 한계는 대부분 자기 스스로가 만드는 것이다.

마음이 건강하면 몸도 건강하다

'콩 심은 데 콩 나고 팥 심은 데 팥 난다'라는 말은 어디서나 진리다. 나쁜 생각들은 언제나 또 다른 나쁜 생각을 낳는다. 나쁜 생각이 꼬리를 물고 확대되면 세계가 나쁜 생각들로 가득하게 된다. 미래의 부모와 의사들은 약이 아니라 마음을 열게 함으로써 몸 전체를 치유할 것이다. 부모들은 자녀들에게 분노와 증오, 시기심을 '사랑'이라는 위대한 만병통치약으로 다스리도록 가르칠 것이다. 미래의 의사들은 사람들에게 밝은 마음과 선한 의지, 숭고한 행동이 건강의 묘약이자 강장제이고, 즐거운 마음은 약보다 더 좋은 효과를 거둔다고 가르칠 것이다.

마음이 강하고 건강하면 몸도 건강하다. 당신이 무엇을 선택하느냐에 따라 건강 상태가 좌우된다. '모든 생명의 근원'인 '무한한 생명의 영'에는 본질적으로 질병이나 나약함이 끼어들 수 없다. 이 '무한한 생명'과 자신이 하나임을 분명히 인식하고 그 풍요로운 흐름 앞에 자신을 활짝 열 때 우리는 날로 건강하고 새로워지는 육신으로 살 수 있다.

선(善)은 질병을 이기며,
고통으로 짓밟힌 곳을 건강이 감싸주리라.
사람은 자신의 생각처럼 되나니,

일어나서 신과 함께 생각하자.

지금까지의 모든 이야기를 "신은 건강한 분이니 당신도 건강한 사람입니다."라는 문장으로 요약할 수 있다. '진정한 자신'의 모습에 눈을 떠야 한다. 참된 자신을 깨닫게 되면 자기 몸의 상태를 결정할 능력이 자신에게 있다는 것을 알게 된다. '무한한 영'과 하나임을 인식할 때 내 의지는 곧 신의 의지가 되고, 신이 함께하므로 당신은 무엇이든 할 수 있다.

당신은 이렇게 외치고 싶어질 것이다. "나는 기쁨의 동산에서 신과 함께하고 있다." '언젠가는 내게도 좋은 일이 생기겠지'라고 생각하면 안 된다. 그것은 지금 당장 당신의 진정한 삶에서 실현되어야 할 일이다. 당신은 신과 하나이므로 가장 좋은 일을 실현할 능력이 있음을 기억하라.

05

사랑은 세상의 모든 것이다

'무한한 사랑의 영'이 있다. 이 사랑의 영과 하나라는 사실을 깨닫는 순간 우리는 사랑으로 충만해져 모든 것 속에서 선(善)함만을 보게 된다. 그리고 나만이 아니라 모든 사람이 '무한한 영'과 하나이므로 어떤 의미에서는 우리 모두가 하나라고 생각하게 된다. 이런 사실을 깨달으면 우리는 누구에게도 어떤 것에도 함부로 할 수가 없다. 우리가 커다란 몸체의 일부이며, 이 몸의 어느 부분에 상처가 생기면 전체가 고통스러워진다는 걸 알게 되기 때문이다.

사랑으로 세상을 보면 세상은 곧 사랑이다

모든 생명이 하나의 생명에서 비롯되었고, 하나의 '무한한 근원'을 이루는 일부임을 완전히 깨닫게 되면, 편견이나 증오가 사라진다. 사랑이 커져서 온 세상을 가득 채운다. 어디를 가든 누구를 만나든 신을 경험하게 된다. 당연히 좋은 것만이 눈에 들어오고 누구든 서로에게 해를 입히지 않고 사랑으로 대한다.

"칼로 얻은 자는 칼로 망할 것이다."라는 진리의 바탕에는 과학적 사실이 깔려 있다. 생각의 신비한 힘을 깨닫게 되면 누군가에 대해 증오심을 가지는 순간 그 악마적 힘이 상대방에게 미친다는 걸 알게 된다. 그런데 상대방의 마음에도 우리를 향한 증오심이 생겨난다. 결국 자신이 발산한 증오가 자신에게 되돌아오는 것이다. 게다가 증오나 분노 등은 우리 신체에도 나쁜 영향을 준다. 욕심이나 질투, 경멸과 비난 등의 경우도 마찬가지다. 다른 사람에게 이런 감정을 품으면 결국 더 많은 피해를 입는 건 나 자신이다.

모든 잘못이나 범죄는 나와 너를 구분하는 이기심에서 비롯된다. 이기심의 근원에 자신의 존재에 대한 무지(無知)가 있다는 사실을 이해하면 다른 이들의 행동을 조금은 자비로운 눈으로 보게 된다. 자신의 이익을 위해 전체를 희생시키는 것은 정말 무지한 일이다. 진정으로 지혜로운 자는 절대로 이기적일 수 없다. 그는 자신이 하나의 거대한 몸체의 일부이며 모두에게 이익이 되어야 그 한 부분인 자신도 이익을 얻는다는 사실을 안다. 그는 모든 인류 전체에게 이익이 되지 않으면 자신만의 이익을 추구하지 않는다.

"저 사람에게는 좋은 점이 하나도 없어."라고 말하는 경우가 종종 있다. 과연 그럴까? 아니다. 그렇게 말하는 사람의 눈에 좋은 것이 보이지 않을 뿐이다. 자세히 보면 모든 사람의 영혼에 신이 있다. 동양에서는 부처님 눈에는 부처님이 보인다는 말도 있다. 예수도 항상 사람들 안에 있는 가장 숭고한 선과 진리에게 말을 걸었다. 자기 안에서 신을 찾은 이들은 다른 사람 안에서도 신을 발견할 수 있다. 예수는 세리(稅吏)나 죄인들과도 식사를 함께했다. 하지만 율법학자와 바리사이파들은 이를 불쾌하게 여겼다. 이들은 자기중심적이고 자만심에 빠져 무지했기에, 자신들 안에서 신을 찾지 못했다. 그러니 세리나 죄인들처럼 천대받는 사람들 안에 신이 존재하리라고는 상상도 하지 못했던 것이다.

우리가 누군가를 나쁘다거나 잘못되었다고 생각하면 실제로 그를 그렇게 만들 수 있다. 더더욱 예민하거나 자아가 뚜렷이 확립되지 않은 사람들은 자신에 대한 다른 사람들의 이런 생각에 영향을 받는다. 우리가 누군가를 나쁘다고 생각하는 건 그 사람이 나쁜 일을 하는 걸 거드는 셈이다. 마찬가지로 어떤 사람에 대해 선하고 올바르고 성실하다고 생각하면 그는 더욱 선하고 올바른 사람이 된다. 우리가 사람들에게 사랑을 전하면 그 사랑이 상대

사랑은 세상의 모든 것이다

방을 따뜻하고 충만하게 만들고 다시 우리에게 되돌아온다. "세상 모두의 사랑을 받고 싶으면 먼저 세상 모든 이를 사랑해야 한다."라는 말의 이치를 깨달아야 한다.

사랑하는 만큼 사랑받는다

사랑하는 만큼 사랑받는다. 생각은 힘이다. 생각은 모두 그와 비슷한 생각을 이끌어내고, 그로 인해 생겨난 영향과 함께 내게 되돌아온다.

드러나지 않더라도 정의롭게 생각하라.
생각은 늘 중요한 역할을 하고
또 내게 돌아온다.
생각은 언어와 삶을 엮어가는,
신의 정교한 뜨개질.

내가 아는 한 친구는 항상 '여러분, 저는 여러분을 사랑합니다'라고 말하듯 세상 사람을 대한다. 우리의 생각이 누군가에게 영향을 끼친다는 사실을 깨달으면 끊임없는 그의 사랑의 숨결이 그와 만나는 모든 사람뿐만 아니라 세계 전체에도 축복이 된다는 걸 알 수 있다. 그 친구가 전하는 사랑은 사람들 사이에 끊임없이 이어지고 다양한 형태로 되돌아온다.

동물들도 이러한 생각의 힘을 느낀다. 보통 사람들보다 우리 생각이나 정신상태, 감정 등을 더 예민하게 감지하는 동물들도 있다. 그렇기 때문에 우리가 사랑의 생각을 전하며 동물을 대하면 굳이 말하지 않아도 그걸 알아차린다. 물론 사랑을 담아 이름을 부르거나 안아주면 더 기쁜 반응이 돌아온다. 사랑의 자세에 빠르고 기쁘게 반응하는 동물들을 보면 정말 놀랄 때도 많다.

어디서든 신(神)과 함께 사는 세상은 얼마나 멋지고 즐거울까. 당신은 그런 세상에서 살 수 있다. 물론 나도 그렇다. 우리는 사랑의 실현을 통해 모든 사람 안에서 신을 만날 수 있다. 만나는 모든 이의 영혼에서 신을 볼 때 우리는 신과 함께 살아가는 것이다.

우리가 모든 사람 안에 있는 신을 알아볼 때 그 신이 드러나는 데도 도움을 줄 수 있다. 이건 정말 우리의 특권 아닌가. 다른 사람을 겉모습만으로 섣불리 판단해서는 안 된다. 때론 실수도 하고 늘 변하는 표면적인 모습 너머에 영원하고 변하지 않는 진짜 모습을 바라봐야 한다. 우리에게는 이미 그럴 수 있는 힘이 있다.

어떤 의미에서 사랑은 모든 것이다. 사랑은 삶의 핵심이며 세계를 만들어가는 힘이다. 모두를 사랑하는 마음으로 살아가면 모두의 사랑을 얻게 된다. 마음 안에 악의를 품고 증오를 버리지 못하면 그 악의와 증오가 나를 향해 돌아온다.

사악한 독, 증오의 칼은
부메랑처럼 내게 돌아오니,
맹렬히 타오르는 분노는
치유되지 않는 상처를 남긴다.

우리의 모든 생각은 외부로 드러나고 그와 비슷한 생각들을 모아 다시 내게 돌아온다. 이것은 불변의 법칙이다. 그리고 모든 생각은 내 몸에도 직접적인 영향을 준다. 사랑과 같은 감정들은 우주의 영원한 질서에 부합하는 정상적이고 자연스러운 것이다. '신은 사랑'이기 때문이다. 이런 감정들은 우리 몸에 생명과 활기를 불어넣고 표정과 목소리도 아름답게 만들어준다. 모두를 사랑하는 마음을 가지면 그 사랑이 내게 돌아와 마음을 통해 몸에도 영향을 준다. 외부로부터 전해진 생명력으로 내 삶은 더 활기차고 풍요로워진다.

반면에 미움과 같은 감정은 비정상적이고 왜곡된 것으로 우주의 영원한 질서에서도 벗어나 있다. 사랑이 우주의 법칙을 실현한다면 그와 반대되는 감정은 우주의 영원한 법칙을 직접적으로 파괴한다. 여기에는 반드시 고통이 뒤따른다. 그 고통을 피할 방법은 없다. 그 결과는 무엇인가? 분노와 증오, 질시와 악의적 비난 같은 생각을 방치하면 그것은 자신을 좀먹고 허약하게 만든다. 이런 상황이 계속되면 결국 질병의 형태로 나타나서 몸을 망가뜨린다. 이렇게 자신에게 파괴적인 영향을 줄 뿐만 아니라 외부로도 드러나 또 그와 유사한 마음과 영향들을 끌어당긴다.

사랑은 사랑을 부르고 미움은 미움을 낳는다. 사랑과 선의는 몸을 강하고 활기차게 만들고 미움과 악의는 몸을 좀먹고 썩어가게 만든다. 사랑은 삶에 생명을 불어넣고 미움은 죽음을 초래한다.

당신에게는 숭고한 마음과 용감한 정신,
순수하며 진실한 영혼이 있다.
당신 안에 있는 가장 좋은 것을 세상을 향해 선물하라.
그러면 가장 좋은 것이 돌아오리니.

사랑을 선물하라,
그러면 당신에게 사랑이 넘치게 흘러들리라.
사랑은 가장 필요하고 놀라운 결과를 가져올 힘,
말과 행동으로 언제나 사랑을 전하라.

사랑은 항상 미움을 이긴다

나는 그를 미워하지 않는데 이유 없이 나를 미워하는 사람이 있다면 어떻게 해야 할까. 그 말이 사실일 수도 있지만, 내가 그에게 적대감이 없다면 그가 나의 적이 될 일은 거의 없다. 그러니어떤 적대감도 가져서는 안 된다. 나를 미워할 아무런 문제가 없는데 상대방이 나를 미워한다고 할지라도 처음부터 끝까지 사랑과 선의로 대해야 한다. 그렇게 하면 상대방의 미워하는 마음이중화되어 내가 상처를 받지 않을 수 있다. 사랑은 긍정적이며 미움보다 강하다. 사랑은 항상 미움을 이긴다.

미움을 미움으로 대하면 미움의 감정이 더 커진다. 불에 기름을끼얹는 것처럼 상황을 더 악화시킬 뿐이다. 그렇게 해서는 얻는것 없이 모두 잃게 된다. 나를 향한 미움을 사랑으로 대하면 그미움을 가라앉혀 나에게 미움이 닿지도 않을 것이다. 사랑 때문에 조만간 적이 친구로 바뀔 수도 있다. 미움을 미움으로 대하면나 스스로를 파괴하지만 사랑으로 대하면 나 자신뿐만 아니라나를 미워한 상대방까지 행복해질 수 있다.

페르시아의 현자는 이렇게 말했다. "거친 자에게는 부드럽게, 무례한 자에게는 친절하게 대하라. 부드러움은 머리카락 한 올로도 코끼리를 잡아끌 수 있다. 적에게 부드럽게 대응하라. 평화를

구하지 않는 것은 죄악이다." 불교에도 이런 말이 있다. "누군가 내게 나쁜 행동을 한다면 진실한 사랑으로 그를 감싸주리라. 그가 내게 악을 행할수록 나는 더 큰 선으로 답하리." 중국에는 "현명한 사람은 상처를 선행으로 갚는다."라는 말이 있고, 힌두교에서는 "악은 선으로, 분노는 사랑으로 극복하라. 증오는 증오를 끝낼 수 없지만 사랑으로는 멈출 수 있다."라고 말한다.

현명한 사람은 누구도 적으로 생각하지 않는다. "두고 보자. 그대로 갚아줄 거야."라고 말하는 사람들이 있다. 복수를 한다고? 어떻게? 두 가지 방법 중 하나일 것이다. 그가 내게 한 것과 똑같이 하는 것이 첫 번째 방법이다. 이렇게 하면 나도 그와 같은 수준으로 전락해 둘 다 괴로워진다. 그렇지 않고 상대방보다 마음이 더 넓다는 걸 보여주는 방법도 있다. 미움에 사랑으로 답을 보내고 모욕에 친절한 태도를 보여 상대방을 높은 수준으로 올리는 방법이다. 자신의 불편한 감정들을 내려놓고 뭔가를 베풀면 자신에게 더 가치 있는 것이 돌아온다. 그가 한 대로 되갚아주려고 하는 건 내 안에 증오와 불친절을 불러오는 요소가 있다는 증거다. 따라서 내게 어떤 불이익이 있다면 당연한 결과일 뿐이므로 불평해서는 안 된다. 현명한 사람이라면 당연히 불평불만이 없을 것이다. 후자의 방법을 택하면 효과적으로 목적을 달성하고 승리자가 될 수 있다. 동시에 상대방에게도 커다란 선을 베푸는 일이 된다. 상대방에게도 꼭 필요한 대응이기 때문이다.

이것은 상대방에게 구원이기도 하다. 이제 그 또한 자신에게 잘못을 행한 다른 사람에게 구원의 손길을 뻗어 그들을 고통에서 건져낼 수 있다. 세상에는 겪게 되는 고통이 생각보다 많다. 우리는 좀 더 공감하고 너그러워야 한다. 그렇게 되면 남을 책망하거나 비난하는 대신 더 큰 공감을 갖게 될 것이다.

서로에게 위로를,
가는 길이 힘들고 발걸음 무거운데,
가슴은 슬픔으로 가득하네.
아무도 나를 걱정하지 않을 때
무거운 짐이 어깨를 짓누르니
언젠가 있었던 기쁜 기억마저 아득해져 가네.

서로에게 위로를,
서로 손을 따뜻이 감싸고, 감미로운 사랑을 전하라.
다정한 눈으로 마주보고 축복의 말을 주고받자.
일용할 양식이 떨어져도
부드러운 말 한마디는
하늘에서 내리는 만나(manna)와 같다네.

고통은 무지로부터 온다

어떤 잘못이나 범죄, 악행을 저지르고 그로 인해 고통을 겪는 건 자신의 참모습을 모르는 무지 때문이다. 이 사실을 깨달으면, 그런 고통 속에 있는 사람들을 볼 때 올바른 마음으로 이해하고 동정심을 가지게 된다. 동정은 사랑으로 변하고 사랑은 그 사람에 대한 친절로 이어진다. 이것이 신성한 이어짐이다. 그러므로 약한 사람들을 깔보거나 짓밟는 데 동참하는 대신 그를 존중하고 그가 홀로 서서 굳건히 살아갈 수 있도록 도와주어야 한다. 이때도 잊지 말아야 할 것이 있다. 모든 생명의 성장이 내부에서 바깥을 향한다는 사실이다. 따라서 그가 자기 내부에 잠재된 신성한 힘과 지고한 법칙을 인식할 수 있도록 이끌어야 한다. 우리 스스로 내부의 신성한 힘을 발현하며 살아가는 것이 다른 사람들을 도와주는 가장 효과적인 방법이기도 하다.

말이 아니라 모범으로, 설교가 아니라 실천을 통해 이끌어야 한다. 어떻게 살아야 하는지 가르칠 게 아니라 실제로 자신이 사는 모습을 보여주라. 삶은 빠르게 전달된다. 콩 심은 데 콩 나고 팥 심은 데 팥 난다. 상대의 몸에 직접적으로 상해를 가하여 죽일 수도 있지만 미워하는 생각만으로도 죽일 수 있다. 그리고 실제로 그렇게 죽이고 죽어간다. 이때 우리가 죽이는 건 상대방만이 아니라 우리 자신이기도 하다. 세상에는 많은 사람들의 악의 때문에 병드는 사람들이 있으며 심지어 목숨도 잃는다. 세상을 증오하면 세상을 지옥으로 만드는 것이다. 세상에 사랑을 전하면 주위 세상이 아름다운 천국으로 변한다.

사랑하지 않는다는 건 죽음과 같은 의미다. 살아 있더라도 죽은 것과 마찬가지다. 모든 사람을 사랑하며 살아가면 삶이 풍요로우며 점점 더 아름답고 강해진다. 포용력이 커지고 따라서 영향력도 확대된다. 사랑이 커질수록 친구도 많아진다. 반대로 포용력이 없는 사람은 그만큼 왜소해지며 배타적이 되어간다. 어리석으면 배타적이 될 수 있으며 또 쉽게 그렇게 된다. 넓게 생각하는 사람들이 보편적이고 포용력이 크다. 속이 좁고 개인적이며 자기중심적인 사람들은 배타적이다. 속이 넓고 고귀하며 이타적인 사람들은 절대 배타적일 수 없다. 속 좁은 사람들은 결과에 집착하지만 관대한 사람들은 그렇지 않다. 소인배들이 인정받고 세계에 끼어들기 위해 이리 기웃 저리 기웃하는 반면, 대인배는 한 자리에 머물면서 세계를 자신에게 끌어당긴다. 자신만을 사랑하는 소인배와는 달리 대인배는 온 세상을 사랑한다. 그리고 온 세상을 향한 큰 사랑 속에는 자기 자신도 포함된다.

우리의 삶을 풍요롭게 하는 깨달음의 길

사랑하면 할수록 신에게 가까워진다. 신은 '무한한 사랑'이기 때문이다. '무한한 사랑'과 자신이 하나임을 깨달으면 신성한 사랑이 우리를 가득 채우고 우리의 삶을 풍요롭게 감싼다. 그리고 그 사랑이 넘쳐흘러 세계의 모든 생명을 풍요롭게 한다.

'무한한 생명'과 자신이 하나라는 걸 깨달으면 주위 사람들과의 관계도 올바르게 형성된다. 위대한 법칙과 조화롭게 살아가는 사람은 다른 사람을 위해 헌신하는 삶 속에서 참된 자신을 발견한다. 그리고 모든 생명이 하나이며, 우리 모두가 커다란 하나의 몸체의 일부분임을 깨닫는다. 우리가 다른 사람에게 행하는 것은 우리 자신에게 행하는 것이기도 하다. 다른 사람에게 상처를 주면 우리 자신에게도 똑같은 상처를 입히는 것이다. 자기만을 위해 사는 사람은 인류라는 더 큰 몸체에 자신의 자리가 없기 때문에 왜소하고 어리석은 삶을 살게 된다. 더 큰 생명 속에 자신의 생명을 던져 넣어 살아가는 사람은 몇천 배 몇만 배 강하고 풍요로워지며, 전체가 얻을 모든 행복과 기쁨, 가치 있는 일에 함께하게 된다. 그 자신이 전체라는 큰 생명의 일부이기 때문이다.

참된 봉사에 대해 생각해보자. 어느 날 베드로와 요한이 성전(聖殿)으로 들어가다가, 정문에서 도움을 청하는 앉은뱅이 걸인을 만났다. 그에게 먹을 것을 주면 그는 내일도 모레도 구걸해야 하는 상태였다. 베드로는 하루치의 양식을 주는 대신 참된 도움이 되기로 했다. "내게 금과 은은 없지만 내가 가진 것을 당신에게 드립니다."라고 말한 베드로는 그가 걷도록 다리를 고쳐주었다. 그가 자립할 수 있도록 도와준 것이다. 말하자면, 우리가 남에게 해줄 수 있는 가장 큰 봉사는 그가 자립할 수 있도록 돕는 것이다. 직접 도와주는 것은 그를 약하게 만들 수도 있다. 물론 항상 그런 것은 아니고 상황에 따라 다르다. 하지만 상대방이 자립할 수 있도록 하는 건 절대로 그를 약하게 만들지 않으며 언제나 용기와 힘을 준다. 더 크고 강한 삶으로 이끌기 때문이다.

자기 자신을 알 수 있도록 이끌어주는 것보다 남을 돕는 좋은 방법은 없다. 자신의 영혼 속에 잠재된 힘을 깨닫게 하는 것이다. 자신이 '무한한 생명인 힘'과 하나임을 분명히 자각하도록 이끄는 것이 영혼에 잠재된 힘을 깨닫게 하는 지름길이다. 그렇게 할 때 그는 '무한한 생명과 힘'이 자신을 통해 작동하고 구현될 수 있도록 자신을 활짝 열게 된다.

우리 사회에 쌓여 있는 과제들 역시 근본적인 해결책은 이 방법뿐이다. 우리가 이 진리를 완전히 이해하고 이를 기반으로 하지 않으면 완전하고도 지속가능한 해결책을 찾기란 불가능할 것이다.

06

진리가 나를 자유롭게 한다

'무한한 생명의 영'은 '무한한 지혜의 영'이다. 우리가 자신을 열면 그 높은 지혜가 우리에게, 우리를 통해 모습을 나타낸다. 우리는 우주의 중심부에 도달하고 대부분의 사람들은 접하지 못하는 신비를 발견할 수 있다. 이 신비는 본질적으로 감추어져 있지 않지만 사람들은 좀처럼 이를 보지 못한다.

지혜는 우리 안에 있다

이 높은 지혜와 통찰을 얻기 위해서는 '신성한 힘'이 우리를 이끌어준다는 사실을 확신해야 한다. 다른 무엇을 통해서는 절대 도달할 수 없다. 그런데 우리는 왜 지식이나 지혜를 다른 사람으로부터 얻으려 하는가? 신은 사람을 차별하지 않는다. 그런데 왜 다른 사람이라는 절차를 거쳐 지혜를 얻어야 하나? 왜 자신이 태어날 때부터 가진 힘을 무시하는가? 왜 직접 '무한한 근원'

에게 묻지 않는가. "지혜가 부족하면 신에게 직접 지혜를 구하라." "그들이 묻기 전에 내가 먼저 대답해주고, 그들이 말하기 전에 내가 먼저 들으리라."

직접 '무한한 근원'에 다가가면 어떤 책이나 사람 혹은 제도의 노예가 될 일이 없다. 이러한 매개체들이 전해주는 진리에 항상 자신을 열어야 하지만 그들이 무한한 '근원' 자체는 아니라는 사실을 명심해야 한다. 그들은 지혜의 전달자일 뿐 지혜는 아닌 것이다. 19세기 영국 시인 로버트 브라우닝(Robert Browning)은 이렇게 노래했다.

> 진리는 우리 안에 있다.
> 당신이 무엇을 믿든, 그 진리는 밖에서 오는 것이 아니다.
> 우리 모두 안에는 단단한 중심이 있으며,
> 진리는 그곳에 담겨 있다.

"너 자신에게 진실하라."라는 말보다 의미심장한 가르침은 없을 것이다. 이것은 자신의 영혼에 충실하라는 말이다. 자신의 영혼을 통해 신의 목소리가 들려오기 때문이다. 이것이 당신 내면의 길잡이이고, 세상 모든 사람을 비추는 등불이며 양심이다. 이것이 직관이다. 내면 깊이에서 들리는 당신 자신의 목소리이며, 영혼의 목소리이자 신의 목소리다. "길이 여기 있으니, 이 길을 가라." 목소리가 당신의 뒤에서 들려올 것이다.

《구약성서》 속의 엘리야는 산 속에서 여러 가지 신비한 현상을 경험한 후 '조용하고 작은' 목소리를 들었다. 자신의 영혼을 통해 '무한한 신'이 내리는 지시였다. 우리가 직관의 목소리를 따르기만 하면 그 목소리는 점점 선명하고 알아듣기 쉬워져서 틀림없는 안내자가 된다. 그러나 영혼의 목소리에 귀 기울이지 않고 따르지 않을 때 우리는 혼란에 빠지고 만다. 이 말에도 솔깃하고 저 말에도 솔깃하면서 어떤 것도 확신하지 못한다. 내 친구 중에는 내면의 목소리를 새겨듣고 즉시, 그리고 온전히 그 직관에 따라 행동하는 사람이 있다. 그는 전적으로 내면의 목소리를 따라 살아가며, 그 결과 항상 올바른 방법으로 올바른 일을 하면서 살아가고 있다. 그는 언제나 무엇을 언제 어떻게 해야 할지 알며 혼란에 빠지는 일이 없다.

영혼의 창을 열어두라

"항상 자기 직관만 믿고 행동하는 것이 위험하지는 않을까요? 누군가에게 상처가 되는 일을 하라고 할 때는 어떻게 하죠?"라고 묻는 사람도 있을 것이다. 하지만 걱정할 필요가 없다. 영혼의 목소리, 즉 우리 영혼을 통해 신이 말하는 소리는 절대 다른 사람을 해치게 하지 않으며, 진리와 정의의 길이 아니면 가라고 하지도 않는다. 혹시 이런 종류의 욕구가 생긴다면 그것은 직관의 목소리가 아니라 얄팍한 자기 욕심의 충동질이라는 걸 알아차려야 한다.

물론 이성도 중요하다. 그러나 이성은 언제나 직관의 인도를 받아야 한다. 직관의 인도를 받을 때 이성은 빛과 힘의 전달자가 될 수 있다. 누구나 자기 내면에서 울리는 영혼의 목소리와 하나가 될 때 지식과 지혜 속으로 들어갈 수 있다. 영혼의 목소리와 하나가 된다는 것은 세상 모든 것의 배후에 '무한한 힘'이 작동하고 있다는 사실을 인식한다는 의미다. 이 위대한 사실을 깨닫고 '무한한 지혜의 영'에 자신을 열 때 진정한 배움의 길이 열리고 가려져 있던 신비들이 모습을 드러내기 시작한다. 여기서 진실한 교육이 출발해야 한다. 다시 말해, '무한한 힘'을 통해 내면에서부터 성장하고 진화해야 하는 것이다.

'무한한 영혼'의 목소리에 자신을 열기만 하면 알아야 할 모든 것이 무엇인지 저절로 분명해진다. 우리는 지혜로워지고 사물의 핵심을 꿰뚫어볼 힘을 갖게 된다. 새로운 별이 탄생하거나 법칙이나 힘이 새로 만들어지는 것은 아니지만, 그때까지 알지 못했던 것들을 발견하고 터득하게 된다. 우리는 점점 더 지혜로 충만해진다. 진실한 지식을 쌓아나갈 때 늘 변화하는 것들은 더 이상 의미가 없어진다. 우리는 고요한 자신의 내면으로 돌아가 창문을 열고 밖을 내다보며 얻고자 하는 진리를 선택할 수 있다. 이것이 참된 지혜다. "지혜는 신이 가진 지식이다." 지혜는 직관에서 오며 우리의 지식을 초월한다. 중요한 지식이든 잡다한 지식이든 기억력만 좋으면 얻을 수 있다. 하지만 지혜는 지식을 초월하며, 지식은 심오한 지혜의 한 조각에 불과하다.

지혜의 세계에 들어가려면 먼저 지적 자만심을 버리고 어린아이와 같아져야 한다. 편견과 선입견, 맹신 등은 참된 지혜로 가는 길을 막는 장애물들이다. 특히 자만은 진리로 들어가는 문을 걸어 잠근 빗장과 다름없다.

종교계나 학계, 정계는 물론이고 일반 사회에도 지적 자만심으로 꽉 찬 사람들이 많이 있다. 그들은 성장은커녕 지체되고 왜소해지는 삶을 살아가기 때문에 진리와는 점점 더 거리가 멀어진다. 세계가 진보해 가는 행렬에서 이들은 길에 놓인 돌멩이처럼 행렬을 방해한다. 하지만 진보의 행렬은 멈추지 않는다. 진리는 끊임없이 전진해가고 길 위의 돌멩이들은 밟히고 버려진다.

증기기관이 실용화되기 전 아직 실험 단계일 때, 과학계에 잘 알려진 한 영국인이 대양을 오가는 선박 운행에 증기기관을 이용하는 건 불가능하다는 내용의 소책자를 발행했다. 증기기관 연료인 석탄을 필요한 만큼 선박에 싣는 것이 불가능하다는 논리였다. 그런데 영국에서 대서양을 건너 미국으로 항해한 첫 번째 증기선의 화물 안에 이 소책자 초판이 실려 있었다. 아마도 그 후 개정판으로 발행되어 더 많이 팔렸을 것이다.

이 이야기도 재미있지만 더 웃긴 건 진리로부터 담을 쌓아버린 영국인일 것이다. 그는 지금까지 배운 것과는 다르기 때문에, 정통적 이론이 아니기 때문에, 통상적 경로를 통해 전해지지 않았기 때문에, 혹은 이미 확립된 사용법이나 관점에서 어긋난다는 이유로 진리를 외면했다. 그는 이랬어야 했다.

> 영혼의 창을 열어두어라,
> 우주의 광명이 모두 비치도록.
> 수없이 많은 곳에서 발산되는 빛 모두가
> 좁은 마음의 작은 창으로는
> 흘러들어올 수 없으니.
> 캄캄한 어둠의 장막 모두 걷고
> 맑은 창으로 빛이 쏟아져 들어오게 하라.
> 진리처럼 넓고, 하늘처럼 높은 창으로 빛이 넘실거리리라.

이 세상의 것이 아닌 별들의 음악에 귀를 기울여라,

꽃이 태양을 향해 얼굴을 내밀듯,

영혼이 진리와 선을 향해 달려가게 하라.

높은 곳에서 보이지 않는 수천 개의 손들이 평화를 가져다주리라,

하늘의 모든 힘이 너의 편이니 두려워하지 말라.

조금의 의심도 없이 진리를 받아들여라.

진리에 도달하는 데도 법칙이 있다

진리에 도달하는 데는 위대한 법칙이 적용된다. 지적 자만이나 편견 등에 사로잡히거나 다른 여러 이유로 자신을 닫아버리면 어디서도 완전한 진리를 얻을 수 없다. 반면에 언제 어디서나 자신을 열어 받아들일 준비가 된 사람에게는 동일한 법칙이 적용되어 모든 곳에서 진리가 막힘없이 흘러들어간다. 이러한 사람은 자유롭다. 진리가 그를 자유롭게 해주기 때문이다. 반면에 진리를 받아들이지 않는 사람은 속박되어 살아간다.

진리가 거부당하는 곳에는 진리에 수반되는 풍성한 축복도 자리할 곳이 없다. 대신에 육체적·정신적 쇠약과 질병 그리고 죽음의 사신(使臣)이 다가온다. 다른 사람을 진리의 길로 인도하기보다는 엉뚱한 길로 이끌고, 자기를 돋보이게 하려고 자유롭고 제약 없는 진리탐구를 가로막는 사람은 도둑이나 강도보다 더 나

쁘다. 한 사람의 인생에 직접적이고 심한 상처를 입히는 것이기 때문이다.

누가 그를 무한한 진리의 수호자이자 전달자로 임명했단 말인가? 실제로 많은 사람들을 감동시키며 진리를 가르치는 스승이라고 불리는 사람들이 있다. 하지만 진정한 스승은 다른 사람에게 진리를 해석해 알려주는 사람이 아니다. 그는 제자가 진정한 자신을 알고 자기 내면의 힘을 인식하도록 이끌어 스스로 진리에 도달할 수 있게 해주는 사람이다. 그렇지 않은 사람들은 순전히 개인적 동기나 자기 과시 혹은 사적 이익을 위해 가르치려 드는 것이다. 특히 자신이 모든 진리를 터득했다고 주장하는 사람은 편협한 사람이거나 바보 아니면 악당이다.

진리가 나를 자유롭게 한다

동양에는 '우물 안 개구리' 우화가 있다. 한 개구리가 우물 안에 살고 있었는데 우물 밖으로는 한 번도 나가본 적이 없었다. 어느 날 바다에 사는 개구리가 우물가에 왔다가 호기심으로 우물에 뛰어들었다. 우물 안 개구리가 물었다. "어? 넌 누구니? 어디서 사는 개구리야?" "나는 그러니까 ……바다에서 살아." 바다 개구리가 대답했다. "바다? 그게 뭔데? 어디 있는 건데?" "바다는 물이 가득 차 있는 아주 큰 곳이야. 여기서 멀지 않아." "그 바다란 것이 얼마나 큰데?" "무지무지 크다니까." 우물 안 개구리가 계속 물었다. "이만큼 커?" 옆에 있는 작은 바위를 가리키며 물었다. "그보다 훨씬 커." "그러면 이만큼 커?" 자신이 올라 앉아 있는 널빤지를 가리키며 물었다. "아냐 훨씬 커." "도대체 얼마나 크단 말이야?" "내가 살고 있는 바다는 이 우물 전체보다도 커. 이런 우물 수백 만 개가 들어갈 수 있을 거야." "말도 안 돼, 지금 날 놀리는 거지? 거짓말쟁이야, 당장 내 우물에서 나가. 너 같은 개구리와는 말 섞기도 싫어."

"진리를 알면 그 진리가 너희를 자유롭게 하리라." 하지만 진리를 외면하면 자만에 빠져 살게 되고 그 자만 때문에 바보가 된다. 이른바 지적 성취를 이뤘다고 자처하는 사람들이 여기에 해당된다. 이들은 정신적 성장이 멈춘 바보들이다. 남들이 바보라고 하지 않더라도 어떤 이유에서든 진리에 눈을 감아 성장을 멈추면 바보와 진배없다. 지적 성장이 멈추는 또 다른 경우가 있다. 자신이 확인하고 생각한 게 아니라 책에 적혀 있으니까, 누군가 그렇게 말했으니까, 그렇게 하는 게 규칙이니까 당연하게 받아들이는 사람들이다. 이들은 내부의 빛에 비추어보고 그 빛을 더 밝히려고 노력하는 것과는 거리가 먼 사람들이다.

시인 월트 휘트먼의 시를 돌아볼 필요가 있다.

지금 이 시간부터 나는
모든 한계로부터,
물질적이든 정신적이든 모든 것으로부터
나 자신을 해방시키겠다.
완전하고 절대적인 나 자신의 주인이 되어,
내가 원하는 어디든 가리라.
다른 이들의 말에 귀 기울이고,
돌아보고, 찾고, 받아들이며, 숙고하리라.
부드럽게, 그러나 단호하게,
나를 옭죄는 모든 사슬을 끊어버리리라.

신의 무한한 진리는 모두에게 열려 있다. 누구나 간절히 추구하고 자신을 열기만 하면 진리를 얻을 수 있다는 건 얼마나 멋진 일인가?

내면의 목소리에 귀 기울여라

일상에서 우리를 이끌어주는 지혜와 관련해서는, 지혜를 어떻게 얻고 어떻게 사용해야 하는지 그 법칙을 안다면 올바른 것이 무엇인지를 알게 된다. 어떻게 지혜를 얻게 되는지 깨닫는 순간 모든 지혜가 당신의 것이 된다는 사실을 기억하라.

나는 불변의 법칙을 따르리라.

어떤 영혼도 이 법칙을 벗어날 수 없다.

우리 안에 있는 이 법칙에서,

모든 필요한 것, 중요한 것들이 다 생겨난다.

살아가다 보면 도저히 해결할 수 없는 문제에 부딪힐 때가 있다. 그럴 때는 그 어려움의 원인이 자기 자신에게 있으며, 해결책 또한 자신에게서 나온다는 사실을 기억해야 한다. 하지만 우리가 자신의 내부에 존재하는 빛과 힘을 의식하고 있다면 이러한 상황에 직면할 일도 없다. 그 빛은 언제나 비치고 있으므로 빛이 무엇 때문에 가로막히지만 않게 주의하면 된다.

나는 누구보다 지혜로 빛나는 한 사람을 알고 있는데, 지혜의 빛이 어둠을 몰아내기 때문에 그는 무엇을 어떻게 해야 할지 방황하는 법이 절대 없다. 어느 길을 가야 할지 의문이 생길 때 당신도 내면의 눈으로 보고 내면의 소리에 귀를 기울이라. 의심과 의혹을 벗어나 단순하고 자연스럽고 아름답게 영혼의 흐름과 하나가 되라. 혼란에 빠져 길이 보이지 않을 때는 오래전 현자들이 그랬던 것처럼 단순한 방향으로 가면 된다. '내면의 방으로 들어가 문을 걸어 잠가라.'

이것이 말 그대로 골방에 들어가 문을 잠그고 처박혀 있으라는 뜻일까? 그렇다면 들판이나 바다처럼 트인 곳에서는 어떻게 해야 하는가. 예수는 번화한 도시의 답답한 집보다 호수와 숲을 더 좋아했다. 이 가르침은 이 세상 어느 곳, 어떤 상황에서든 충분히 따를 수 있다.

내 주변에는 직관이 매우 뛰어난 한 사람이 있다. 그는 도시 한복판에 있는 사무실에서 일하는데, 많은 사람이 바삐 일하며 서로 이야기하기 때문에 항상 시끄럽고 어수선한 분위기다. 하지만 그 사람은 주위의 소음에 전혀 방해받지 않는다. 늘 내면에 집중하고 확신에 차 있는 그는 아무리 주위가 혼란스러워도 자기만의 정신세계를 유지한다. 마치 울창한 숲 속에 혼자 있는 것과 같다. 어려운 문제가 닥치면 그는 신비의 침묵 속에 잠겨들어 해답이 떠오를 때까지 가만히 기다린다. 지금까지 몇 년에 걸쳐 이렇게 해서 답을 못 찾아 실망한 적은 한 번도 없었다. 직관으로 얻는 진리는 매일 허기를 채워주는 밥과 같다. 그것은 광야에서 일용할 양식이 되었던 만나(manna, 이스라엘 백성이 이집트를 탈출하여 가나안 땅을 향해 갈 때 하느님께서 내려주신 생명의 양식)처럼 그날그날 필요한 만큼 다가온다. 이렇게 주어지는 진리는 즉시 받아들여야 한다. 망설이면 진리는 내게서 멀어지고, 그런 시간이 길어지면 세상의 잡다한 생각들에서 비롯된 유혹이 직관을 흐려 결국 실패를 맛보게 된다.

천국은 모두에게 열려 있다

우주의 법칙에는 반드시 지켜야 할 한 가지 조건이 있다. 진리를 알고자 하는 바람 외에는 다른 모든 욕망을 버려야 한다는 것이다. 또한 '이것이 진리다'라고 직감하는 순간 즉시 따르겠다는 단호한 결의도 있어야 한다. 진리 자체에 대한 전적인 사랑 외에는 다른 어떤 감정도 개입되어서는 안 된다. 진리에 대한 기대와 그것을 얻으려는 열정은 신랑신부처럼 떼려야 뗄 수 없는 관계다. 이 사실을 잊지 않을 때 지금까지 컴컴했던 길이 하늘의 밝은 빛으로 환하게 될 것이다. 자신의 내부에 천국이 있으면 다른 이들 안의 모든 천국도 끊임없이 도와주기 때문이다. 이것은 영혼의 목소리, 즉 '침묵'에 귀를 기울여야 한다는 의미다. 자신의 영혼의 목소리이자 지고한 자아의 목소리에 귀를 기울이는 것은 세상 모든 사람을 비추는 빛을 따르는 것이기도 하다.

영혼은 신성하며, 우리가 영혼을 통해 '무한한 영'과 이어질 때 모든 것이 다 드러난다. 영은 등불이 되어 모든 것을 비추어준다. 이 신성한 빛을 외면하면 모든 것이 숨겨져 보이지 않는다. 사실 어떤 것도 감춰져 있지는 않다. 영혼의 감각이 열리면 육체적 감각이나 지성의 한계를 넘어설 수 있다. 우리가 한계를 넘어

'무한한 생명'과 하나라는 사실을 깨달으면 영혼의 목소리와 빛이 우리를 인도해 절대 실패하는 일이 없게 된다. 이 깨달음 속에 사는 사람은 미래에 천국으로 들어가는 게 아니라 바로 지금 여기서 천국의 삶을 살아간다.

천국은 모두에게 열려 있다. 우리가 바른 길로 눈을 돌리기만 하면 꽃이 피고 바람이 불듯 아주 자연스럽게 천국이 다가온다. 돈으로 살 수 있거나 가격을 매길 수 있는 것이 아니다. 천국은 재물이 많은 사람이든 가난한 사람이든, 왕이든 신하든, 주인이든 종이든, 이 세상 누구에게나 가능하며 모두에게 이뤄지기를 기다리고 있다. 깡촌의 농부라도 먼저 발견하면 왕보다 힘 있고 아름다운 삶을 살 수 있다.

이 세상뿐만 아니라 당신이 상상하는 다른 세상에서도 가장 숭고하고 충만하며 풍성한 삶을 살고 싶다면 당신이 '신의 생명'과 별개라는 생각을 버려야 한다. 신과 당신이 하나라는 걸 믿어라. 믿음이 강할수록 그 믿음은 현실이 된다. 내일 일을 걱정하지 않고 오늘 하루하루를 충실히 사는 것이 내일을 준비하는 것이다. 내일이 오면 또 내일의 정신적·육체적 양식이 따라온다. 단 당신에게 내일이 오지 않는다면 내일의 양식은 필요 없다는 점도 기억하라.

온전히 내맡기면 실패도 없다

위대한 '법칙'에 온전히 자신을 맡기면 절대 실패하지 않는다. 하지만 긴가민가 미적지근하게 맡기면 불확실성만 키우고 결과는 만족스럽지 못하다. 우주의 법칙, 즉 '신성(神性)'보다 더 확실하며 절대적인 것은 없다. 신성에 자신을 온전히 내맡기는 사람에게 실패란 없다. 여기에 삶의 비밀이 있다. 무엇을 하든, 어디에 있든, 낮이든 밤이든, 깨어 있을 때나 잠잘 때나 이 사실을 잊어서는 안 된다. 깨어 있을 때와 마찬가지로 잠잘 때도 우리는 진리에 따라 살 수 있다. 잠을 자는 동안에도 어떤 계시나 지혜의 빛을 받을 수 있을까?

잠든 동안에는 몸이 고요히 휴식을 취할 뿐 영혼은 계속 활동한다. 잠은 깨어 있는 동안 사용한 에너지 등을 채워넣는 재충전의 시간으로 몸을 회복시키기 위한 자연의 작용이다. 잠이 부족해 낮 동안 사용한 만큼 채워넣지 못하면 몸은 점차 쇠약해지고 병이 생기기도 쉬워진다. 수면부족일 때 감기에 잘 걸리는 이유도 이 때문이다. 잠을 못 자면 평소보다 외부 상황에 더 영향을 받는데, 특히 가장 취약한 부분이 그 영향을 크게 받는다.

우리가 무엇을 위해 우리 몸을 일상적으로 사용하는 것보다 우리 몸은 훨씬 높은 목적에 사용될 수 있다. 특히, 정신보다 몸을 중요시하는 사람들에게는 더 그렇다. 우리가 정신과 영혼의 지고한 힘을 깨닫고 살아가면 몸도 그 영향을 받아서 경쾌한 모습을 유지한다. 정신은 그 자체로 즐거움을 찾고, 어떤 일에서든 기쁨을 발견하기 때문에 과식이나 과음 같은 일들도 자연히 시들해진다.

몸에 그다지 좋지 않은 육류나 술, 자극적인 음식들에 대한 욕구가 없어지고, 기운을 돋우거나 정신을 맑고 강하게 하지 못하는 것들은 눈길이 가지 않게 된다. 이렇게 되면 몸은 단단해지고 에너지 낭비도 줄어든다. 소비된 것을 쉽게 채우기 때문에 더 규칙적이고 안정된 상태를 유지할 수 있다. 잠을 많이 잘 필요도 없어진다. 건강한 체격을 유지하면 적은 잠이어도 수면의 질이 좋아져 충분히 효과적이다.

몸이 이렇게 건강해지면, 건강한 몸은 마음과 영혼이 더 높은 지혜를 얻도록 도움을 준다. 정신이 몸을 다져나가듯 몸도 정신을 고양(高揚)시킨다. 브라우닝도 아마 같은 생각이었을 것이다.

> 외치고 싶어라,
> 세상만사 좋은 것들이 우리 안에 모두 있으니,
> 영혼이 육체를 돕듯이 육체도 영혼을 고양시킨다.

잠은 몸이 쉬면서 재충전하는 과정이다. 반면에 영혼은 휴식이 필요 없으므로 몸이 잠을 자는 동안에도 활기차게 움직인다.

영혼의 활동을 깊이 이해한 사람들 중에는 잠자는 동안 우리 영혼이 여행을 한다고 말하는 사람도 있다. 어떤 사람들은 그 여행 중에 마주한 장면이나 사건들 그리고 얻은 정보 등을 기억해 실제 생활에 이를 반영하기도 한다. 하지만 대부분의 사람들은 모처럼 어떤 경험을 한다고 해도 금세 잃어버리고 만다. 우리가 '법칙'을 잘 이해하면 잠의 여행에서 원하는 곳을 찾아가 경험한 것을 의식 속으로 불러올 수 있다고 말하는 사람들도 있다. 그것이 정말 가능한지는 알 수 없지만, 잠을 자는 동안 자연스럽고 정상적인 방법으로 빛과 가르침과 성장의 지혜를 얻을 수 있는 힘이 우리에게 있는 것만은 확실하다. 대다수의 사람들은 깨닫지 못하여 놓치고 있는 힘이다.

몸이 쉬고 있을 때도 우리를 '무한한 영'과 이어주는 영적인 삶이 언제나 활발하게 활동한다면, 우리가 잠든 상태에서도 마음이 영혼으로부터 그리고 그와 이어진 무한한 영으로부터 계속 영감을 받아 이를 일상생활에 적용할 수 있지 않을까? 그렇게 되지 못할 이유가 없다. 실제로 이렇게 하여 많은 도움을 얻는 사람들도 있다. 영혼으로부터 얻는 가장 드높은 영감은 대부분 잠든 사이에 온다. 어쩌면 이것은 매우 자연스러운 과정이다. 잠을 잘 때는 모든 외부 물질세계와의 교류가 완전히 차단되기 때문이다. 나는 잠자는 동안 많은 일을 처리하는 사람들을 알고 있는데, 그들은 지혜의 빛을 자신이 원하는 시간에 받아들일 수 있는 사람들이다. 잠자기 전에 일어나고자 하는 시간을 마음먹으면 바로 그 시간에 눈을 뜨는 사람들도 많다. 깨어 있을 때는 풀지 못하던 어려운 문제를 자는 동안 해결했다는 사례도 적지 않다.

늘 깨어 있으라

저명한 저널리스트인 내 친구 역시 이런 방법으로 어려운 기사를 깔끔하게 작성한 적이 있다. 그녀는 종종 이렇게 기사를 쓴다고 한다. 어느 날 저녁 그녀는 편집장에게 다음날 아침까지 기사 하나를 작성하라는 지시를 받았다. 그 기사는 해당 분야를 잘 알고 경험하지 않고는 쓰기 힘든 내용이었다. 그녀는 그에 대해 아는 게 거의 없었을 뿐더러 하룻밤 사이에 제대로 된 기사를 써내기는 불가능하다고 판단했다. 결국 그녀는 한 발짝 물러나 잠을 자는 동안 도움을 받으리라는 생각을 하며 다음날 아침까지 푹 잤다. 눈을 뜨자 접어두었던 과제가 가장 먼저 생각났다. 그녀는 잠시 동안 조용히 누워 있었다. 완벽하게 정리된 기사가 그녀의 의식 속에 펼쳐졌다. 재빨리 기사 전체를 살펴본 그녀는 옷을 갈아입을 겨를도 없이 그대로 책상에 앉아 기사를 써내려갔다. 마

치 문장을 베끼듯이 기사가 저절로 쓰였다.

정신이 어느 한 곳으로 집중해서 나아가면 다른 생각이 끼어들지 않는 한 그 방향으로 계속 진행한다. 잠잘 때도 마음과 영혼은 계속 활동하기 때문에 정신은 진행하던 방향으로 계속 나아간다. 그리고 그 활동의 결과가 의식 속에 남게 된다. 어떤 사람들은 아주 빨리 결과를 얻는다. 반면에 좀 더 오래 걸리는 사람들도 있다. 마음을 가라앉히고 꾸준히 노력하면 좋은 결과를 거둘 수 있다.

비슷한 생각끼리 서로 끌어당기는 법칙 때문에 잠든 동안에도 정신은 깨어 있을 때 갖고 있던 것과 비슷한 생각들을 끌어당겨 그 영향을 받게 된다. 따라서 우리는 잠든 동안 우리에게 영향을 줄 생각들을 선택하여 많은 도움을 받을 수 있다. 사실 잠들어 있을 때 내적인 능력은 더 크게 열리고 흡수도 더 빠르다. 그러므로 잠들기 전에 어떤 생각을 하는지가 중요하다. 잠을 자는 동안 우리 마음이 바로 그 생각들을 끌어들이기 때문이다. 그것을 결정하는 건 당신 자신이다.

고요한 시간 동안에는 정신의 흡수력이 훨씬 크기 때문에, 이러한 법칙을 잘 이해하고 활용하면, 주위 물질세계에서 쏟아지는 여러 자극들에 몸의 감각이 쏠려 있을 때보다 더 가치 있고 더 많은 지혜를 끌어당길 수 있다. 어떤 특정 방향에 대해 옳고 합당한 빛이나 정보를 얻고 싶다면, 먼저 선(善)한 의지를 갖고 마음을 편히 해야 한다. 그렇게 조화로운 상태가 되면 외부에서 이와 동일하게 평화로운 상태가 끌어당겨진다.

평화로운 상태에서 당신이 원하는 빛이나 정보에 대한 간절한 소망을 조용하고 차분하게 발신하라. 일말의 두려움이나 불안감도 없어야 한다. '고요와 확신 속에서 힘이 우러나기' 때문이다. 눈을 뜨면 반드시 원하는 결과를 얻을 것이라는 기대와 믿음을 가져야 한다. 잠에서 깨어나면 외부세계의 어떤 생각이나 움직임이 끼어들어 주의력이 분산되기 전에 잠시 직관과 영감에 귀를 기울이라. 내면의 소리가 들리고 분명해지면 즉시 직관에 따라 행동해야 한다. 이렇게 해나가면 점점 숙련되어 직관의 힘을 강하게 만들 수 있다.

이기적인 욕심 때문이 아니라 자신의 어떤 역량을 키우거나 더 건강하고 강해지고 싶다면 필요로 하는 혹은 소망하는 것에 적합한 마음자세를 가져야 한다. 그래야만 원하는 결과를 가져다 줄 어떤 힘에 자신을 열고 그 힘과 자신을 연결하여 작동하게 할 수 있다. 자신이 바라는 바를 말로 표현하는 걸 주저하지 마

라. 소리 내어 말하면 그 소망이 퍼져나가 공감하는 비슷한 소망들을 끌어들여 힘이 만들어지고 그 여러 힘들이 행동으로 옮겨져 당신의 소망이 실현된다. 우주의 높은 힘과 법칙에 조화를 이루며 살아가면 선하고 좋은 일들이 이어진다. 자신이 타고난 힘을 알고 이를 현명하게 사용하는 사람에게는 이루지 못할 일이 없다.

잠자는 동안 모두에게 평화와 조화의 마음, 사랑과 선한 의지를 보내면 당신은 더 고요하고 평화로우며 활기 가득한 잠을 자게 되고, 정신적으로나 육체적으로 더 힘을 얻게 된다. 당신은 평화와 조화를 가져올 우주의 모든 힘과 연결된다.

준비된 사람에게만 영감이 주어진다

인도주의적 활동으로 세계적 명성을 얻은 한 친구가 자신의 경험을 얘기해주었다. 몇 번이나 한밤중에 갑자기 눈이 떠진 적이 있었는데, 그때마다 일과 관련된 계획이나 영감이 머릿속에 떠오르곤 했다는 것이다. 그는 자신을 열고 조용히 누워 있으면 그 일을 성공시킬 방법이 뚜렷이 생각난다고 한다. 생각지도 못했을 여러 계획들을 이런 방법으로 떠올리고 성공으로 이끌 수 있었다. 세상 사람들의 눈에는 신비롭게 보일 정도로 놀라운 일들이었다. 무척 예민한 감각으로 가장 높은 법칙과 조화를 이루며 살고 있는 그는 자신을 활짝 열고 망설임 없이 추구하는 일에 최선을 다하고 있다. 그는 영감이 어디에서 어떤 경로로 오는지 완전히 이해하지는 못한다고 말한다. 아마 각자 나름대로의 견해가 있겠지만 진실은 누구도 알지 못하는 곳에 있을지 모른다. 다만 우주의 지고한 법칙과 조화를 이루며 살아가는 사람에게, 또 그 법칙에 자신을 활짝 여는 사람에게 이러한 영감이 찾아온다는 것은 분명해 보인다.

가장 높은 법칙에서 나오는 영감이나 삶의 통찰은 우리가 그에 합당한 조건을 갖추었을 때 우리 앞에 나타난다. 이 주제를 깊이 성찰했던 어떤 사람은 이렇게 말한다. "몸이 잠들어 휴식을 취하는 동안 영적인 가르침을 받는 건 지극히 정상적이고 자연스런 경험이다. 허울뿐인 외부상황에 신경 쓰기보다 내면의 목소리에 귀를 기울인다면 누구에게나 분명하게 일어날 수 있는 일이다. ……우리의 생각이 지금의 우리를 만들었으며, 앞으로의 우리도 만들 것이다. 생각은 종종 낮보다 밤에 더 활발하다. 잠자는 동안 우리는 외부에는 무감각하지만 내적 세계를 향해서는 더 열려 있다. 보이지 않는 이 세계는 정신과 양심이 다스리는 실제적인 세계다. 외부 정보를 받아들이는 감각이 작동하지 않을 때 우리는 직관의 문을 통해서 영감을 받아들이게 된다. 이것이 얼마나 중요한 사실인지를 이해한다면 사람들은 간절히 바라는 것을

진리가 나를 자유롭게 한다

생각하며 잠이 들 것이다. 파라오 같은 사람도 꿈을 꾸고, 구멍가게 주인도 꿈을 꾼다. 어떤 사람은 깨어나자마자 잊어버리는 사람이 있는 반면 거기서 영감을 얻어 실제 생활에 활용하는 지혜로운 사람도 있다."

왜 어떤 사람은 꿈을 꾸고도 금방 잊어버릴까. 그리고 또 어떤 사람은 자신의 꿈은 물론이고 남의 꿈까지 해석할 능력을 가진 것일까? 두 사람이 살아가는 걸 보면 분명한 차이가 있다. 자신의 내면에서 들리는 목소리에 귀를 기울이며 살아가는 사람에게는 참된 힘이 생긴다. 그는 가장 높은 힘과 기쁨을 누릴 뿐만 아니라 세상 모두에게 도움을 줄 수 있다. 누구도 자신이 선택하지 않는 한 지옥에서 살아야 할 이유가 없다. 지옥을 벗어나겠다고 결심한 순간 우주의 어떤 힘도 그를 막을 수 없다. 마음만 먹으면 누구나 천국을 선택할 수 있다. 그가 마음을 먹으면 우주의 모든 힘들이 천국으로 향하는 걸음을 도와준다.

잠에서 깨어 의식의 세계로 돌아오기 직전 사람들은 특히 민감하여 영감의 영향을 크게 받는다. 아직 물질세계와 연결되지 않은 그 순간은 정신이 더 자유롭고 자연스러운 상태여서 작은 자극에도 흔적이 남는 민감한 유리쟁반과 비슷하다. 가장 이상적이고 진실한 영감은 이른 아침에 찾아온다. 아직 부산한 일상생활에 정신을 빼앗기기 전이다. 새벽에 가장 효율적으로 일을 하는 사람들이 많은 이유이기도 하다.

이것은 일상생활과 관련해서도 중요하다. 이 시간에 정신은 백지와도 같이 깨끗하다. 조용하고 섬세하게 열린 마음을 드높고 진실한 방향으로 향하게 하면 하루의 흐름이 그 방향으로 채워진다.

오직 오늘만이 나의 것이다

매일 아침이 새로운 출발이다. 우리는 아침에 인생을 새로 시작하는 것과 같으며 인생은 전적으로 우리 손에 달려 있다. 아침이 새로운 시작을 열어주면 모든 어제는 어제일 뿐 우리와는 아무런 관계가 없다. 다만 어제 어떻게 살았느냐가 오늘의 삶을 결정한다는 점만 기억하면 된다. 마찬가지로 새로운 아침이 시작되면 모든 내일도 내일일 뿐 우리와는 상관없다. 하지만 오늘을 어떻게 사느냐에 따라 내일이 결정되는 것은 물론이다.

모든 날들이 새로운 시작,
모든 아침이 이제 막 태어난 세상이다
슬픔과 후회로 아파하는 그대여,
여기 그대 앞에 놀라운 희망이 있다,

그대의 희망이자 나의 희망

과거는 모두 흘러가고 없다.

일은 이미 일어났고 눈물은 흘렸으니,

어제의 실수는 어제로 끝난 것,

피 흘리고 아프던 상처는

밤 사이에 치유된다.

어쩔 수 없는 것은 흘러가게 놓아두라,

되돌릴 수도 속죄할 수도 없으니.

자비로운 신이 받아들이고 낫게 해주시리!

오직 새로운 날들만이 우리의 것,

오직 오늘만이 우리 것이다. 오늘 하루만이.

여기 빛나는 하늘이 있고,

새로이 탄생한 대지가 있다.

지친 나뭇가지들도

새벽의 차가운 이슬을 머금고,

태양을 향해 새로이 뻗어간다.

모든 하루는 새로운 시작,

영혼아, 기쁨의 노래를 들으라.

오래된 슬픔과 오래된 죄도,

풀지 못한 수수께끼와

다가올지도 모를 고통에 대한 두려움도 다 잊고,

마음을 다해 새로운 하루를 시작하자.

새로운 하루가 열리는 첫 시간, 영광과 풍요가 흘러넘치는 시간, 무한히 넓고 영원한 가능성을 품은 시간…… 시간들이 오기 전에 미리 살지는 마라. 여기에 삶을 충만하게 만드는 비결이 있다. 이 간단한 방법이 누구에게든 가장 멋진 인생을 가능하게 한다. 상상 가능한 모든 것이 언제 어디서든 어떻게든 실현되는 삶이다.

누구나 이런 인생을 살 수 있다. 진정으로 간절히 바란다면, 짧은 시간이더라도 최고의 인생이 가능하다. 일단 한순간이라도 이렇게 살 수 있다면 비슷한 것끼리 끌어당기는 법칙에 따라 조금씩 최고의 인생에 다가갈 수 있다. 그런 시간이 이어지면 더는 별다른 노력도 필요 없다.

이렇게 우리는 우주의 가장 높고 선한 힘을 사랑하고 그와 하나가 되며, 그 힘 역시 우리를 사랑하고 우리와 하나가 된다. 그 힘은 어떤 상황에서도 우리를 돕고 우리가 원하는 모든 것을 이루게 해준다. 우리가 먼저 그 힘을 향해 마음을 열었기 때문이다.

평화는 내 마음속에 있다

'무한한 평화의 영', 이 영과 조화를 이루면 평화의 물결이 우리에게 밀려들어온다. 평화는 조화이기 때문이다. '영적으로 충만한 사람은 생명과 함께한다'라는 위대한 진리에는 깊은 뜻이 담겨 있다. 자신의 본질이 육체가 아니라 영혼이라는 사실을 깨닫고 늘 인식하며 살아가는 것이 영적으로 충만한 삶이며 조화와 평화의 삶이다.

우리 주위에는 갖가지 근심걱정에 시달린 나머지 마음의 평화를 찾기 위해 이곳저곳을 헤매는 사람들이 많다. 하지만 평화는 찾지 못하고 몸과 마음만 지쳐서 돌아오곤 한다. 이런 방법으로는 아무리 애를 써도 평화를 찾을 수 없다. 없는 곳에서 찾으니 당연한 일이다. 평화는 오직 자기 안에서만 찾을 수 있기 때문에, 거기서 찾지 않는 한 어디서도 발견할 수 없다.

내면의 소리에 집중할 때 평화가 뿌리내린다

평화는 바깥 세계가 아니라 자기 자신의 마음속에 있다. 자기 내면의 소리에 몸과 마음을 집중할 때 참된 평화와 행복이 우리 삶에 뿌리내린다. 이렇게 하지 못하면 질병과 고통, 불만이 뒤따르게 된다.

신과 하나가 되어 늘 함께하는 것이 곧 평화다. 어린이 같은 단순함, 순박하게 '아버지'의 생명과 하나로 이어져 있다고 생각하는 단순함이야말로 평화를 가져오는 지름길이다. 나는 '무한한 생명', '무한한 평화의 영'과 자신이 하나라는 걸 깨닫고 기쁨에 넘쳐 살아가는 사람들을 알고 있다. 그중의 한 젊은이가 지금특히 생각나는데, 그는 몇 년 동안 신경쇠약으로 건강이 망가져무기력하게 살고 있었다. 인생의 어떤 의미도 찾을 수 없던 그는세상의 모든 일 하나하나에 부정적일 수밖에 없었기 때문에 그를 만나는 사람들까지 마음이 무거워지곤 했다. 그런데 얼마 전그는 자신과 '무한한 힘'이 하나임을 분명히 깨달았다. 그 신성한 흐름에 자신을 완전히 맡긴 그는 건강을 되찾았고, 나를 만날때마다 기쁘게 소리치곤 한다. "산다는 건 정말 멋진 일이네요!"

내가 아는 한 경찰관은 저녁에 근무를 끝내고 집으로 돌아갈 때면 '무한한 힘'과 하나라는 걸 생생하게 느낀다고 한다. '무한한 평화의 영'이 자신을 감싸고 흘러 마치 공중으로 떠오르는 것 같은 느낌이 들기도 한다는 것이다. 이런 일체감을 느끼며 사는 사람들은 무엇도 두려워하지 않는다. 그들은 항상 자신을 지켜주는 힘이 있다고 믿으며, 실제로 그 믿음이 더 완벽하게 그를 보호해준다.

우리가 어떤 것을 두려워하는 순간 두려움의 대상은 더 쉽게 우리를 사로잡는다. 동물들은 자기를 보고도 겁먹지 않는 사람에게는 덤벼들지 않는다. 두려움을 느끼는 순간 위험이 현실이 된다. 개와 같은 동물들은 상대방이 공포를 느끼면 이를 간파하고 덤벼들려고 한다. 우리가 '무한한 힘'과 하나임을 완전하게 인식하면 어떤 상황에도 흔들리지 않고 평온을 유지할 수 있다. 이전이라면 초조해지고 화를 냈을 상황에도 평온은 깨지지 않는다. 사람을 제대로 파악할 수 있기 때문에 다른 사람들 때문에 실망하는 일도 없다. 사람들의 마음을 들여다보고 그가 왜 그렇게 행동했는지 동기를 곧바로 알아차리게 된다.

언젠가 친구와 함께 길을 가고 있는데 한 남자가 다가와 무척 기쁜 표정으로 친구의 손을 덥석 잡으며 말했다. "이렇게 만나게 되니 정말 반갑네요." 내 친구는 번개처럼 상대의 마음을 알아차리고는 그를 똑바로 쳐다보며 대답했다. "빈말하지 마세요. 나를

만나서 반갑기는커녕 오히려 당황하고 있잖아요. 빨개진 얼굴이
다 말해주고 있어요." 그러자 그 남자가 이렇게 말했다. "세상이
다 그렇지 않나요? 겉 다르고 속 다른 시절인데 때로는 마음에
없는 말도 진심인양 해야 할 필요가 있죠." 내 친구는 다시 한 번
그의 얼굴을 쳐다보며 말했다. "그러면 안 되죠. 충고 한마디 할
까요? 겉치레에 신경 쓰기보다 항상 진심을 말하는 편이 사람들
에게 더 좋은 평가를 받는 길이에요."

사람들의 본심을 알게 되면 다른 사람에게 실망하는 일이 없어
지고, 무작정 떠받들 일도 없어진다. 사람을 지나치게 존경하다
보면 실망할 때가 오기 마련이다. '평화의 영'과 조화를 이루게
되면 적이나 친구가 어떤 험담을 하고 어떻게 푸대접하든 마음
이 흐트러지지 않는다. 우주 전체를 꿰뚫으며 세상 만물을 지배
하는 정의와 진실, 선이라는 원리가 우리 인생의 바탕에 있다는
사실을 인식하며 살면 언제나 흔들릴 일 없이 침착하고 평온할
수 있다.

우리를 옥죄는 슬픔이나 고통, 혹 죽음으로 인한 이별 같은 고통
도 더 이상 우리를 괴롭히지 못한다. 참된 지혜를 깨치면 모든
것이 있어야 할 자리와 올바른 관계를 알 수 있기 때문이다. 죽
음이라고 부르는 변화로 친구를 잃는다 해도 슬픔에 빠지지 않

는다. 죽음이라는 것은 존재하지 않고 '무한한 생명'의 일부인 우리 모두도 영원히 계속되리란 것을 알기 때문이다. 또한 물질적인 육신을 벗어났을 뿐 진정한 영혼의 생명에는 아무런 영향도 없다는 걸 알기 때문이다. 굳은 믿음으로 늘 평화로운 영혼은 친구들에게 이렇게 말해준다.

> 사랑하는 벗들아! 지혜롭기를,
> 눈물을 닦고 슬퍼하지 말자.
> 그대들이 관 속에 넣어 묻은 것에는
> 한 방울의 눈물도 필요 없다.
> 그것은 단지 조개껍질일 뿐,
> 진주는 이미 빠져 나갔다네.
> 아무것도 아닌 껍질은 그냥 버려두게,
> 진주, 즉 영혼이 모든 것이니.

또한 이들은 영혼에는 경계가 없기 때문에 육신을 가진 두 사람 사이에 혹은 육신이 있는 사람과 없는 사람 사이에 영적인 교류가 가능하다는 것을 안다. 영적으로 지고한 삶을 살아간다면 이 같은 영혼의 교류가 가능해진다.

우리가 무언가에 자신을 열면 그것이 우리에게 다가온다. 옛날 사람들은 천사를 볼 수 있다고 생각했고 실제로 천사를 보았다. 그들이 보았던 천사를 우리가 못 볼 이유는 없다. 천사가 그들에게 와서 함께 살았는데, 우리라고 천사와 함께 살지 못할 이유가 없다. 모든 일에 적용되는 위대한 법칙은 예나 지금이나 다르지 않다. 천사가 우리에게 나타나지 않는다면 우리가 그들을 초대하지 않았기 때문이다. 우리가 문을 닫아걸었기 때문에 오지 못하는 것이다.

용기는 성공을 낳고 불안은 실패를 낳는다

우리가 '평화의 영'에 자신을 열고 내맡기면 그 생명과 평화의 기운이 충만해져 어디를 가든 평화와 함께할 수 있다. 자신이 평안하면 당연히 다른 사람들에게도 평화를 나눌 수 있다. 우리는 평화 그 자체가 되고 가는 곳마다 축복을 선사하게 된다.

며칠 전 나는 한 여자가 어떤 남자의 손을 잡고(그 남자의 얼굴에서는 그와 함께하는 신의 모습이 비치고 있었다) 이렇게 말하는 것을 들었다. "당신을 만나서 얼마나 좋은지. 지난 몇 시간 동안 불안 속에 절망하고 있었는데 당신을 본 순간 그 무거운 짐들이 씻은 듯 사라졌어요." 우리 주위에는 언제나 축복과 위로를 전해주는 사람들이 있다. 그가 옆에 있는 것만으로도 슬픔이 기쁨으로, 두려움이 용기로, 절망이 희망으로, 나약함이 강인함으로 바뀌게 되는 사람이다.

그들은 자기 안에 이런 힘이 함께한다는 사실을 인식하고 어디를 가든 그 힘으로 빛을 낸다. 말하자면 그들은 자신의 중심을 찾아낸 사람들이다. 위대한 우주에도 중심이 되는 하나가 있다. 세상 모든 것 속에 존재하며 모든 것을 통해 작용하는 '무한한 힘'이 그것이다. 자신의 중심을 찾은 사람은 이 '무한한 힘'과 자신이 하나임을 깨달은 사람이다. 그들은 자신을 영적인 존재로 인식한다. 신이 곧 영혼이기 때문이다.

이들은 힘이 있다. '무한'에 중심을 두기 때문에 우주의 거대한 발전소와 연결되어, 모든 근원으로부터 끊임없이 힘을 끌어올려 흡수한다. 중심에 뿌리를 두고 진정한 자신을 알며 자신의 힘을 인식하면 그로부터 발산되는 생각들에는 강력한 힘이 실린다. 그리고 같은 것이 같은 것을 끌어당긴다는 법칙에 의해 비슷하게 강한 힘을 가진 생각들을 사방에서 끌어모아 그들의 도움을 얻는다. 이렇게 그는 우주를 관통하는 거대한 생각의 흐름과 바로 연결된다.

'가진 자가 더 갖는다'는 자연의 법칙이 여기서도 적용된다. 강하고 긍정적이며 창조적인 생각은 무슨 일을 해도 성공으로 이어지며 어디를 가든 그를 돕는 힘이 따른다. 보는 것, 마음속으로 그리는 일들이 강력하고 창조적인 생각을 통해 실제 세계에 물질적 형태로 나타나게 된다. 보이지 않는 힘이 작용하여 눈에 보이는 형태로 만드는 것이다.

이런 사람들의 생각에는 두려움이나 실패가 없다. 그런 생각이 들 때도 즉시 떨쳐버리기 때문에 흔들리지 않는다. 외부에서 그런 생각을 그에게 집어넣을 수도 없다. 생각의 흐름이 다르기 때문이다. 약하게 만들고 실패를 초래하는 두려움이나 동요, 비관 등의 생각은 그에게 영향을 주지 못한다. 반면에 불안하고 부정적인 생각을 하는 사람은 자신의 에너지와 육신을 약하게 만들고 주변의 비슷한 생각들과도 쉽게 연결되어버린다. 주위의 불안, 두려움, 약함 등에 휩쓸려 자신의 힘을 키우기는커녕 더 약하게 만든다. 이런 사람들에게는 '가진 것마저 빼앗긴다'라는 말이 그대로 적용된다. 빼앗길지 모른다는 불안 때문에 가진 것을 모두 보따리에 싸갖고 다니지만 이런 두려움은 반드시 대가를 치르게 된다.

강인한 생각은 자기 안의 힘을 키우면서 바깥에서도 힘을 끌어들인다. 반면에 허약한 생각은 자기 안의 힘을 허약하게 만드는 동시에 외부에서도 허약함을 끌어들인다. 용기는 강인함으로 이어지고 불안은 허약함을 초래한다. 따라서 용기는 성공을, 불안은 실패를 낳는다. 확신과 용기가 있는 사람은 환경을 지배하고 세계에 자신의 힘을 발휘한다. 확신이 없는 사람은 불안에 빠져 좌절하며 어떤 일이 생길 때마다 우왕좌왕 휩쓸린다.

사람에게 일어나는 모든 일의 원인은 바로 자신에게 있으며, 어떤 일이 일어나는지를 결정하는 것도 자신에게 달려 있다. 보이지 않는 영적인 세계에서 눈에 보이는 물질적 세계가 비롯된다. 생각의 세계, 즉 영적인 세계가 원인이고 물질적 세계는 그 결과다. 결과가 어떨지는 항상 원인에 따라 결정된다. 물질적 세계에서 무언가를 변화시키고 싶다면 영적인 세계에서 먼저 바꿔야 한다. 이런 사실을 분명히 인식하면 지금 절망의 수렁에 빠져 있는 수많은 사람들도 다시 일어날 수 있다. 건강도 함께한다. 질병으로 고통 받는 많은 사람들이 건강을 회복하여 강해질 것이고, 불행과 슬픔에 짓눌린 사람들에게도 행복과 평화가 찾아올 것이다.

생각의 씨앗을 심어 힘을 키워라

우리 주위에는 두려움의 노예가 된 채 살아가는 사람들이 너무도 많다. 강하고 힘이 넘쳐야 할 내부의 영혼이 주눅 들고 무능해져서 무엇도 제대로 할 수 있는 일이 없다. "모든 것이 두렵다.

결핍과 배고픔, 다른 사람들의 비난이 두렵다. 내 생각이 틀리지 않았을까도 겁이 난다. 지금 내가 가진 것이 내일이면 없어질까 걱정되고, 질병과 죽음이 무섭다." 많은 사람들에게 두려움은 습관이 되었다. 모든 곳에 두려움이 있다. 사방에서 이런 생각들이 몰려든다. 항상 어떤 것이 두려워 움츠린 채 살고 있다. 사랑을 잃는 것은 아닐까. 돈을, 직장을, 현재의 지위를 잃는 것은 아닐까. 이러한 두려워하는 마음은 진짜로 두려운 일이 일어나도록 하는 가장 빠른 방법이다.

두려워해서는 무엇도 얻지 못할 뿐더러 모든 것을 잃을 수도 있다. 어떤 사람은 이렇게 말한다. "그 말이 맞아, 하지만 나는 두려워. 이런 마음이 드는 걸 나도 어쩔 수가 없어." 어쩔 수가 없다니! 이 말은 아직 자기 자신에 대해 모른다는 증거로, 바로 여기서 두려움이 비롯된다. 자신에게 있는 힘을 알려면 진정한 자신을 알아야 한다. 이를 모르면 그 힘을 지혜롭고 완전하게 사용할 수 없다. 어떤 일을 할 수 없다고 말해서는 안 된다. 할 수 없다고 생각하면 정말로 그 일을 할 수 없게 된다. 할 수 있다고 생각하고 그 생각대로 행동할 때 정말로 해내게 된다. 절대적인 믿음을 가지고 하면 못할 것이 없다. 로마의 위대한 시인 베르길리우스(Publius Vergilius Maro)는 승리의 확신에 찬 경주 팀에 대해 이렇게 묘사했다. "할 수 있다고 마음먹고 있으니 당연히 할 수 있

다." 팀원들의 마음가짐이 그들의 몸에 영적인 힘을 불어넣고 승리로 이끄는 힘과 끈기가 발현되게 하는 것이다.

자신의 의식 속에 할 수 있다는 생각을 씨앗으로 심어 키워라. 씨앗은 점차 자라나 사방에서 힘을 끌어모을 것이다. 뿌리가 자라 단단해지면 지금은 쓸모없이 흩어져 있는 내면의 영적인 힘을 살아 움직이게 하고, 외부로부터도 힘을 끌어모으게 된다. 두려움을 모르는 사람들의 강인한 생각들을 모아 스스로를 돕게 하고, 자신도 그 거대한 흐름에 합류하게 된다. 마음속 깊이 확신한다면 모든 두려움이 사라질 때가 온다. 주위 환경에 따라 흔들리는 허약한 존재가 아니라 주위를 압도하는 마천루처럼 우뚝 선 자신을 발견하게 될 것이다.

받아들일 준비가 된 사람에게만 모든 것이 주어진다

우리는 일상에서 더 깊이 확신할 필요가 있다. 선을 이루는 힘과 '무한한 신'에 대해, 그리고 우리가 신의 모습을 따라 만들어졌음을 확신해야 한다. 일이 잘 안 풀리거나 상황이 암울해 보일 때라도, 끝없이 많은 별들로 구성된 드넓은 이 우주 공간을 질서 정연하게 운영하는 '지고한 힘'이 우리를 보호해준다는 사실을 알면 이 세계가 잘 운영되듯이 우리의 모든 일도 잘 될 것이라고 확신할 수 있다. "신을 신뢰하고 의지할 때 그는 우리를 완전한 평화 속에 지켜주신다."

무한한 힘, 즉 신보다 더 확실하고 안전한 것은 없다. 이 힘에 자신을 여는 것이 순전히 우리 손에 달려 있고, 그 힘이 우리를 통해 우리 안에서 작용하도록 하는 것도 우리에게 달렸다는 사실을 깨달으면 점점 큰 힘이 우리 안에 있음을 발견하게 된다. 우리는 '무한한 힘'과 함께 일하고, '무한한 힘'도 우리를 통해 일한다. 그러면 모든 일이 선을 사랑하는 사람들에게 좋은 방향으로 돌아간다는 사실을 알게 된다. 이전까지 우리를 지배했던 두려움과 불안이 확신으로 바뀌고, 그 힘을 올바르게 이해하고 잘 사용한다면 그 무엇도 우리 앞을 가로막을 수 없다는 것도 알게 된다.

물질주의는 비관주의와 통한다. 물질을 중시하면 세상을 어둡게 볼 수밖에 없기 때문이다. 세상 만물을 통해 작용하는 '영적인 힘'이 우리 안에서도 우리를 통해 작용한다는 사실을 알면 자연적으로 낙관주의자가 된다. 비관주의는 유약하게 하고 낙관주의는 강한 힘과 연결된다. '무한한 힘', 즉 신에 중심을 둔 사람은 어떤 폭풍이 몰아쳐도 이겨낼 뿐만 아니라 자기 안에 있는 정신의 힘을 믿고 폭풍 속에서도 침착하게 평온을 유지한다. 결과가 어떻게 될지 알기 때문이다. 그는 "주님 안에 머물며 끈기 있게 기다리면 원하는 바를 이루어주신다."라는 가르침이 진실이라는 것을 안다. 받아들일 준비가 된 사람에게는 원하는 모든 것이 주어진다. 이보다 더 분명한 사실이 있을까?

'지고한 힘'에 자신을 맡기고 일하는 사람은 결과를 걱정하지 않는다. 풍성한 평화가 언제까지나 그를 감싼다. 그는 불안하게 하고 마음을 흔들어놓는 일들이 일어나도 진리를 깨닫고 이렇게 말할 수 있다.

급한 마음 가라앉히자,
서둘러서 얻을 게 무엇인가?
나는 영원의 길을 가고 있으니,
어차피 나에게 올 것들은 내게 올 수밖에 없다.

잠잘 때나 깨어 있을 때나, 밤이나 낮이나
내가 찾는 친구도 나를 찾고 있으니,
아무리 바람이 불어도, 어떤 파도가 쳐도,
내가 탄 배는 제 길을 헤쳐 간다.
……
물방울은 자신을 알고 서로 끌어당기며,
높은 곳에서 개울이 샘솟아 바다로 흘러간다.

선(善)이 흘러가는 법칙도 이와 같으니,
흘러흘러 티 없이 맑은 영혼에 이르리.
밤하늘에 별들은 빛나고,
바다에는 파도가 일렁인다.
언제 어디서든, 아무리 깊어도 높아도,
나는 내 길을 가리라.

완전한 힘으로 세상을 열어라

여기 '무한한 능력을 가진 힘'이 있다. 우리가 이 힘의 영에 자신을 열면 우리 안에서 힘이 발현된다. 전능한 신과 함께하면 무슨 일이든 할 수 있다는 뜻이다. 힘의 진정한 비밀은 모든 것을 주관하는 신과의 연결에 있으며, 우리가 항상 신과 연결되어 있다면 말 그대로 못할 일이 없다.

영혼의 주인임을 깨달아라

그런데 왜 우리는 힘을 얻기 위해 여기저기 헤매며 시간을 낭비할까? 왜 산의 정상으로 곧장 오르지 않고 능선이나 계곡을 방황하는 것인가? 세상의 모든 경전에는 인간이 자기 자신의 절대적인 주인이라고 쓰여 있다. 그런데 이것은 육신을 가진 인간이 아니라 영혼의 주인을 가리키는 말이다. 육신으로 보자면 인간보다 훨씬 크고 강한 동물들이 많다. 인간은 뛰어난 정신과 영혼의 힘으로 동물들의 우위에 있고 그들을 지배할 수도 있다.

육신만으로는 불가능한 일이 영혼의 힘으로는 가능할 수 있다. 자신을 영적인 존재로 인식하고 이를 기반으로 살아가는 사람은 단순히 물질적으로만 인식하는 사람보다 훨씬 큰 힘을 발휘한다. 세계의 모든 경전에는 기적이라고 할 수 있는 많은 사례가 실려 있다. 이 기적들은 특정 시간과 장소에 한정되지 않았다. 특별히 기적이 많이 일어난 시기도 없었다. 인류 역사에서 일어났던 일은 그것이 무엇이든 동일한 법칙과 힘의 작용을 통해 다시 일어날 수 있다. 이런 기적은 특별한 무엇을 갖고 태어난 사람이 아니라 자신이 신과 하나임을 깨달아 신의 사람이 된 보통 사람들의 일이었다. 더할 수 없는 놀라운 힘이 그들을 통해 발현된 것이다.

그런데 기적이란 무엇일까? 초자연적인 어떤 것을 말하는 것인가? 자연스럽지 않은, 즉 일상적인 상태에서 자연스럽게 느껴지지 않는 현상을 초자연적이라고 말한다면 기적은 그 이상도 이하도 아니다. 진정한 자아를 인식하고, 모든 것을 주관하는 지혜와 힘이 자신과 하나임을 깨달은 사람에게는 보통 사람의 이해를 넘어서는 숭고한 법칙이 눈에 보인다. 보통 사람들은 이런 법칙을 이용해 얻은 결과를 자신들의 이해 범위로만 생각해 기적이라 부르고 그 일을 행한 사람을 초자연적 존재로 간주한다. 그러나 자신을 열어 그 법칙을 인식하고 힘과 능력을 깨닫는다면 누구나 초자연적 일을 행할 수 있다.

우리는 낮은 단계에서 높은 단계로, 물질 중심에서 좀 더 영적인 존재로 진화하기 때문에, 어제는 초자연적이었던 일이 오늘은 자연적이고 흔한 일이 될 수도 있다. 무한한 힘을 깨달아 초자연적으로 보이는 일을 하는 사람은 대다수의 사람보다 훨씬 높은 경지에 도달한 우월한 존재가 된다. 하지만 누군가의 영혼이 가진 능력은 다른 사람의 영혼들도 가질 수 있는 능력이다. 모든 생명에는 동일한 법칙이 작동하기 때문이다. 우리는 놀라운 힘을 발휘하는 사람이 될 수도 있고, 무능력한 사람이 될 수도 있다. 자신이 일어설 수 있다는 사실을 깨닫는 순간 그는 일어설 것이며, 스스로 한계라고 생각하지 않는 한 어떤 한계도 없을 것이다.

우리의 영혼은 성스럽고도 강하다

종종 '환경' 탓을 하는 사람들이 있다. 그러나 사람이 환경에 좌우되어서는 안 되며, 오히려 환경을 만들어야 한다는 사실을 알아야 한다. 이것을 알면, 우리가 환경을 탓하며 도망쳐야 한다고 생각하는 경우가 대부분 필요 없다는 것도 깨닫게 된다. 그 환경에서 할 일이 남았기 때문이 아니라 그것을 완전히 새롭게 바꿀 수 있는 힘이 우리에게 있기 때문이다.

유전(遺傳)도 마찬가지다. 유전은 극복할 수 없다고 말하는 사람들이 종종 있다. 그러나 이들은 진정한 자신을 알지 못하기 때문에 이렇게 생각하는 것이다. 극복할 수 없다고 생각하며 살아간다면 영영 극복할 수 없다. 진정한 자신을 깨달아 자기 내부의 힘과 능력, 즉 정신과 영혼이 가진 힘과 능력을 알게 되면 자신을 해롭게 하는 유전적 특성은 점차 약해지기 시작하고 깨달음이 깊어질수록 자취를 감추게 될 것이다.

우리가 극복할 수 없는 것이 있으랴.
사악한 기질을 타고났다고 말하지 말고,
태생이 나빠 평생이 괴롭게 되었다고도 말하지 말라.
이런 말도 안 되는 생각으로 스스로를 비하하지 말라.

당신의 부모, 조부모, 그리고 그들의 부모 또 그 부모 이전부터 존재했던,
위대한 영원의 의지! 당신 안에도 존재하고 있으니,
당신은 강함, 아름다움, 신성함을 타고났다네,
그리고 이를 실천하는 자에게는 성공이 보장되리.

......

당신이 오르지 못할 높이가 있으랴.

미래의 승리는 당신의 것,

실패를 겪더라도 주저하거나 멈추지 않는다면,

신의 약속을 믿고 의지한다면,

이 세상에 영혼보다 강한 것이 있으랴.

당신이 영원한 근원의 한 부분임을 안다면

어디에도 당신 영혼의 힘에 대적할 것은 없으니,

당신이 타고난 영혼은 성스럽고도 강하다.

많은 사람들이 자신의 능력에 훨씬 못 미치는 삶을 살고 있다. 끊임없이 남의 이목을 의식하며 스스로 가능성을 억눌러버리기 때문이다. 세상에 자신의 능력을 펼치고 싶은가? 있는 그대로 살면 된다. 자신을 평가하지 말고, 말하기 좋아하는 사람들의 시선에 신경을 쓰지 않아야 한다. 자기 내면의 소중한 목소리에 귀 기울이고, 관습이나 통념 등 사람들이 만든 규칙에 얽매이지 마라. 올바른 마음과 정신을 갖춘 사람은 무엇이 우주의 원칙에 근거한 것인지 언제든 알아볼 수 있다.

정체성을 결정하는 스스로의 주인이 되라

자신이 가진 능력의 표현이기도 한 정체성을 다른 사람이 결정하게 해서는 안 된다. 자신들의 정체성을 유지할 힘도 없는 현대 사회의 거대한 대중 집단, 즉 어느 작가의 표현처럼 '타협으로 뒤죽박죽이 된' 사람들이 만든 통념이나 관행이 내 정체성을 결정하게 해서는 안 된다. 자신의 정체성을 남의 판단에 맡긴다면 바람직하지 않은 환경이 확대되는 데 한몫 거드는 결과가 되고, 차츰 노예 상태가 되어 주위 사람들로부터 인정도 받지 못하게 된다.

자신의 정체성을 잃지 않고 스스로 주인이 되는 사람이 자기 능력과 영향력을 신중하고 현명하게 사용하면, 이 세상이 보다 좋아지고 고귀하며 건강한 환경이 되는 데 한몫을 할 수 있다. '타협으로 뒤죽박죽'인 사람들 틈에서도 자신의 정체성을 유지하면 사람들은 당신을 높게 평가하고 존경하게 된다. 당신의 영향력은 더 커지게 된다. "위대한 영웅 주위에는 온갖 사람들이 몰려든다. 사회 최고위층에서 밑바닥 인생까지, 그리고 지나가는 개들도 그를 믿는다."

자신의 모습대로 사는 것이 가장 중요하고 가장 만족스러운 방식이다. 어떤 사람은 "때로는 주위 생각에 맞춰주는 것이 좋은

방식이 아닐까요?"라고 말한다. 아니다. 처음부터 끝까지 자신의 모습을 유지하며 살아야 한다.

> 무엇보다 너 자신에게 충실하라,
> 밤이 지나고 날이 밝듯이
> 모든 것이 자연스레 이루어지리니,
> 네가 하는 일은 다른 누구에게도 해가 되지 않을 것이다.

절대자에게 의지하여 원칙에 따라 살아가면 여론이나 다른 사람의 평가에 연연하지 않고 절대자가 우리를 지켜줄 것이라는 확신으로 살 수 있다. 다른 사람의 비위를 맞춰가며 살려고 해도 사람들에게 완벽하게 맞춰줄 수는 없다. 우리가 그렇게 살려고 하면 다른 사람들은 더 우격다짐으로 까다로워진다. 인생을 어떻게 살아가느냐는 전적으로 신과 나 사이의 문제이며, 외부의 다른 무언가에 의해 내 삶이 영향을 받거나 흔들린다면 잘못된 길로 들어선 것이다. 우리가 내면의 천국을 발견하고 '무한(無限)'에 중심을 두면 우리 자신이 법칙이 된다. 이제 우리는 다른 사람들에게 그들을 지배하고 노예처럼 부리는 법칙보다 훨씬 드높은 그 법칙에 대해 알려줄 수도 있다.

내면에 이러한 중심이 자리 잡으면 진실로 위대한 인물이 가지는 매력과 힘, 그리고 아름다운 단순함이 우리 삶에 스며든다. 그는 더 이상 자신을 과시하려는 생각도 하지 않는다. 진정한 능력이 없고 약한 사람들이 과시욕을 갖고 있는데 결국 뭔가 부족하기 때문이다. 꼬리 잘린 말을 탄 남자의 우화가 여기에 해당된다. 다른 약점도 많았던 그는 사람들이 자신을 주목하지 않자 잔인하게 말의 꼬리를 잘랐다. 자연스럽지 않고 이상한 모습을 보여서라도 사람들의 관심을 끌려고 한 것이다.

영감에 자신을 열면 에너지가 넘쳐난다

하지만 과시하기 좋아하는 사람은 다른 사람을 속이기보다는 속임을 당하는 경우가 훨씬 많다. 진정한 지혜와 통찰력을 갖춘 사람은 언제나 행동의 동기를 파악할 수 있기 때문이다. "다른 사람들의 눈치를 보지 않고 있는 그대로 행동하는 사람이 위대하다."

내면의 능력을 깨달은 사람은 겉으로 드러나지는 않아도 실제로 많은 일을 하고 있다. 그들은 지고한 존재와 함께 더 많은 일을 하며, 또 한 차원 높게 일한다. '무한한 힘의 영'과 완벽하게 연결되어 일하므로 그 힘이 일을 하고 모든 책임을 진다. 그들은 일도 손쉽게 처리하는데 이 역시 무한한 힘이 함께하기 때문에 가능하다. 힘이 그들을 통해 작동할 수 있도록 그들은 자신을 열어 협조할 뿐이다.

그 능력의 비결은 자기 내부에서 작동하는 능력을 외부로 표현할 수 있도록 연결시키는 데 있다. 당신이 화가라면 자기 안에 작동하는 힘의 능력에 스스로를 활짝 열라. 그렇게 할 때 당신은 평범함을 깨치고 위대한 화가로 우뚝 설 수 있다. 영혼을 통해 나오는 영감이어야만 심오하고도 영원할 수 있다. 드높은 영감이 솟아나오게 하려면 먼저 자신의 영혼을 열어야 한다. 모든 영감의 '절대적인 원천'을 향해 활짝 여는 것이다.

연설가라면? 당신을 통해 말하는 숭고한 능력과 조화를 이루고 그에 의지할 때 사람들의 마음을 감동시키고 휘어잡을 연설 능력을 갖추게 된다. 영혼 없이 입으로만 말하는 건 선동가에 불과하다. 자신을 열어 신의 목소리가 당신의 입을 통해 말하게 하라. 당신이 진실하고 위대한 연설가가 되는 것은 당신을 얼마나 여느냐에 달려 있다.

당신이 가수라면, 당신 안의 신이 노래의 영혼으로 솟구쳐 나오게 하라. 자신을 열지 않고 오랜 시간 힘들게 연습하는 것보다 이편이 훨씬 쉽다. 이렇게 할 때 당신의 노래는 듣는 이들의 마음을 움직이고 감동시키는 저항할 수 없는 마력을 갖게 된다.

여름이면 이른 아침 아직 어둠이 깔려 있을 무렵 숲속 오두막이나 텐트의 간이침대에서 눈을 뜨는 경우가 자주 있다. 처음에는 모든 것이 고요하다. 그러다 가끔씩 여기저기서 새들의 지저귐이 들려온다. 동이 트기 시작하면 새들의 소리가 점점 커지고 마침내 숲 전체가 하나의 합창단이 된 것처럼 멋진 음악이 울려퍼진다. 감동이 밀려오는 순간이다! 모든 나무와 풀잎, 하늘과 땅이 한 파트씩 담당하여 멋진 교향곡을 연주하는 것 같다. 그 놀라운 음악을 들으며 생각했다. 새들에게서 배울 수 있다면, 저 새를 통해 노래하는 힘에 우리 자신을 열 수 있다면 얼마나 멋진 가수가 될 수 있을까?

유명한 가스펠 가수 아이라 생키(Ira David Sankey)가 복음성가 〈아흔아홉 마리의 양The Ninety and Nine〉을 처음 불렀을 때의 상황을 한 저널리스트에게 들은 적이 있다. 얼마 전 열린 한 모임에서 생키가 자신의 복음성가 중 가장 유명한 이 성가를 부르기 전에 그 이야기를 들려주었다고 한다. 어느 날 생키는 전도사 무디와 함께 글래스고에서 에든버러로 전도여행을 가다가 신문 가판대에서 1페니짜리 종교신문 한 장을 샀다. 차에 올라탔을 때 신문 귀퉁이에 실린 몇 개의 짧은 시(詩) 구절이 그의 눈에 들어왔다. 그는 무디에게 "여기에 성가로 만들면 좋은 시구(詩句)가 있네."라고 말했지만 일에 정신이 팔려 있던 무디의 귀에는 그 말이 들리지 않았다. 생키도 곡을 만들 시간은 없었기 때문에 그 시구를 스크랩북에 붙여두기만 했다.

에든버러에서 열린 전도집회에서 유명한 설교가 보너 박사가 '착한 목자'에 대해 감명 깊은 설교를 했다. 설교가 끝날 무렵 무디가 파트너인 생키에게 성가 한 곡을 부르라는 신호를 보냈다. 생키의 머리에는 시편 23장이 떠올랐는데, 이 성가는 그가 너무나 자주 부른 곡이었다. 문득 신문에서 본 시구가 생각났지만 아직 곡도 붙이지 않은 채였다. 하지만 생키는 어찌되든 한번 불러보자고 마음먹고, 시구가 적힌 종이를 오르간 위에 펼치고 손을 건반으로 가져갔다. 그리고 입을 열어 노래하기 시작했다. 1절이 끝나자 청중들 사이에 침묵이 흘렀다. 숨을 깊이 쉰 그는 2절도 제대로 해낼 수 있을까 걱정하며 다시 노래를 부르기 시작했다. 다행히 노래는 순조롭게 이어졌고 결과는 성공이었다. 노래가 끝나자 청중들은 감동의 눈물을 흘리고 있었다. 훗날 생키는 자신의 인생에서 가장 강렬한 순간이었다고 말했고, 무디도 그렇게 멋진 노래는 들어본 적이 없었다고 했다. 이 노래는 곧 전 세계로 퍼져나갔다.

숭고한 영감에 자신을 열면 절대 실패하지 않는다. 그러나 반대의 경우는 무슨 일을 하든 최고의 결과를 얻을 수 없다.

두려워하지 말고 영혼이 이끄는 대로 따라가라

당신이 작가라면? 자신의 내면을 들여다보고 글을 쓰는 것이 모든 위대한 문학작품의 바탕을 이루는 원칙임을 기억하라. 두려워하지 말고 진실하라. 영혼이 이끄는 대로 따라가라. 어떤 작가도 자신의 깊이 이상을 쓸 수는 없다. 더 깊은 것을 쓰려면 그만큼 깊어져야 한다. 작가는 자기 영혼의 대필자에 불과하다. 어떤 의미로는 자기 자신을 작품에 담는다고 할 수 있으며 그 이상을 쓴다는 건 불가능하다.

높은 이상과 강렬한 감성을 가진 작가가 영감에 항상 자신을 열어두면 특정할 수 없는 무엇인가가 그의 글에 스며든다. 그 힘차고 생생한 작품을 읽는 독자들 역시 작가를 통해 표현되는 똑같은 영감을 얻게 된다. 이 같은 작품에는 글로 쓰인 것보다 행간에 더 많은 것이 담긴다. 드높은 영감에 자신을 열어둔 작가의 영혼에서 나오는 역량이다. 작품을 20~30퍼센트 업그레이드해 빼어난 걸작으로 만들어주는 힘이다.

작가의 영혼의 힘이 담긴 작품은 입에서 입으로 빠르게 퍼져나가고 많은 사람에게 화제가 되어 읽히게 된다. 사실 이렇게 입소문으로 시작하는 것이 대부분의 베스트셀러가 거치는 과정이다. 작품의 가치를 높이 평가한 독자가 다른 사람에게 주려고 여러

권을 구입하는 경우도 마찬가지다. 시인 랄프 에머슨(Ralph Waldo Emerson)은 "좋은 시는 그 시를 읽고 기쁨을 느낀 사람이 주위 사람들에게 읽기를 권하면서 전 세계에서 읽히게 된다. 좋은 시에는 지혜롭고 온화한 영혼들을 끌어당기는 힘이 있으며, 그들이 간직해 온 생각을 지지하고 공감해주는 것으로 시의 본질이 표현된다."고 말한다.

이런 작가들은 문학 작품을 써야겠다는 생각으로 글을 쓰는 것이 아니라, 사람들에게 가치를 전하고 그들의 마음에 다가가 좀 더 넓고 풍요로우며 아름다운 삶을 사는 데 도움이 될 수 있는 글을 쓰고 싶다는 생각에서 글을 쓴다. 이렇게 쓰인 글은 대부분 사람들의 마음에 깊이 전해지며 애초에 순수 문학을 지향한 경우보다 더 뛰어난 문학 작품이 된다.

반면에, 익숙한 길에서 벗어나는 게 두려워 스스로 만든 규칙에 얽매이는 사람은 그만큼 창조적 힘이 제한된다. 뛰어난 한 현대 작가는 이렇게 말했다. "내 책에서는 솔향기가 풍기고 곤충들이 웅웅거리는 소리가 울려 나와야 한다. 창밖에 둥지를 짓는 제비가 물어오는 지푸라기나 나뭇가지들이 내 책도 엮고 있다." 위대하고 모험적인 작가의 작품을 모방하여 자잘한 형식들만 끄적거린 작품보다, 이렇게 솔향기가 풍기고 곤충 소리가 들리는 작품이 훨씬 낫다. "과거에 남이 한 걸 그대로 따라하는 사람은 오늘이 새로운 날이라는 것을 이해하지 못한다."

셰익스피어가 동시대 다른 작가들의 영향을 많이 받았다는 주장에 대해 작가이자 평론가인 월터 랜도어(Walter Savage Landor)는 이렇게 말했다. "하지만 그의 작품은 다른 작가의 원래 작품보다 훨씬 더 독창적이다. 그는 죽은 몸에 숨결을 불어넣어 다시 살려냈다." 모방하고 따라가기보다는 자기 방식대로 주위 세계를 이끌고 가는 사람이 바로 이런 사람이다

비평가의 의견이나 문장이론가들이 만든 규칙에 순응하는 것보다 무한한 신의 말을 받아 적는 대필자가 되는 것이 훨씬 좋다. 이것은 말 그대로 작가라면 누구나 가질 수 있는 특권이기도 하다. 오, 세상의 모든 사람들에게 우리 인생에서 매일 벌어지는 크고 작은 싸움들을 가라앉혀 줄 무언가를, 약간의 즐거움을, 약간의 희망을 선물하고 싶다. 생각 없이 짐승처럼 살아가는 남자들을 좀 더 사려 깊고 친절하며 온화하게 만들어줄 어떤 것을, 겁먹어 위축된 가녀린 여자들이 잠든 힘을 깨워 스스로 놀랄 만큼 강해질 수 있는 무언가를 선물하고 싶다. 사람들이 모두 자신의 성스러운 영혼을 깨달아 자신이 신성하고 풍요로우며 힘이 넘치는 존재임을 인식하게 하고 싶다. 이렇게 할 수 있다면 비평

가들의 칭찬이나 비난은 내게 조금도 영향을 주지 못한다. 만약 비난을 받는다 해도, 그것은 울창한 소나무 숲에 부드럽게 숨 쉬는 봄바람의 아름다운 교향악이 울려퍼지는 가운데 죽은 나뭇가지 몇 개가 갈라지는 소리에 불과할 것이다.

신과 사람은 하나

만약 당신이 목사나 다른 어떤 종교의 지도자라면, 사람이 만들어 많은 사람들을 옭아매는 신학적 교의로부터 얼마나 자유로운지에 따라, '신성한 숨결'에 자신을 얼마나 여느냐에 따라 당신의 말에 권위가 생긴다. 당신은 이전의 다른 예언자에 대해 연구하기보다 스스로 예언자가 될 수도 있다. 그 길은 당신을 포함한 누구에게나 열려 있다.

당신이 영어권 국가의 시민이라면 아마도 기독교인일 것이다. 기독교인이란 예수 그리스도의 가르침을 따르는 사람, 그가 조화를 이루며 살았던 진리에 따라 살려는 사람을 말한다. 그의 가르침에서도 핵심은 '아버지', 즉 신과 사람이 의식적으로 하나가 되는 데 있다. 예수 그리스도는 자신이 아버지와 하나임을 완벽하게 깨닫고 있었다. 이를 통해 예수는 메시아로서의 권능을 얻었고, 누구도 말하지 않은 진리를 전할 수 있었다.

예수는 자신에게 다른 사람과 다른 특별한 능력이 있다고 말한 적이 없다. 그가 행한 일들은 예외적인 것이 아니라 그에게는 아주 자연스러운 일이었다. 그는 이것이 불변의 질서를 따른 것으로 절대로 특별한 일이 아니며 누구나 마음만 먹으면 할 수 있다고 말했다. 예수 자신의 고백에 따르면 그는 진리를 제시하고 가르치는 스승으로서 자신에게 신성(神性)이 있음을 드러내기 위해 한 일은 한 번도 없었다. 예수의 생애와 승리는 인류 역사에 한 획을 그었다. 그가 세상에 와서 승리함으로써 인류는 새 시대를 맞이했으며, 그는 세상에 새롭고 완전한 약속을 제시했다. 그와 가장 가까웠던 세 사람은 새 생명이 무엇을 의미하는지 목격한 순간 놀라움과 경외로 아무 말도 못하고 땅바닥에 엎드렸다.

그는 '아버지'와 자신이 하나임을 완전하게 깨달았다. 그리하여 살아가면서 부딪치는 모든 상황을 지배하고 육신의 죽음까지 극복했으며, 자신이 경험한 위대한 진리를 우리에게 제시할 수 있었다. 그는 우리에게 참된 삶이 무엇인지 알려주었다. 그것은 지금 여기서 찾을 수 있으며 그가 없었다면 알지 못했을 삶이다. 이렇게 한 사람이 진리를 깨닫자 다른 사람들도 연이어 깨닫게 되었다. 예수는 자신이 '아버지'와 하나라는 위대한 진리를 깨닫고 이를 다른 사람들에게 제시함으로써 위대한 구세주가 되었다.

예수라는 한 사람을 그의 생애, 그의 가르침과 혼동해서는 안 된다. 이것은 거의 모든 위대한 스승들의 가르침과 관련해 제자들이 반복적으로 범해온 실수다. 당신이 죽은 예수를 가르쳐온 사람 중 한 명이라면 인류를 위해서, 그리스도를 위해서 그리고 신을 위해서 간곡히 부탁한다. 제발 더 이상 사람들의 시간을 빼앗지 말고 당신 자신의 시간도 낭비하지 말라. 이는 그들에게 빵 대신 돌멩이를 주고, 살아있는 진실의 영혼이 아니라 죽은 영혼을 들이대는 것과 같다. 예수도 "죽은 자들의 장례는 죽은 자들에게 맡겨두라."고 말하였다. 예수가 그러한 무리에서 빠져나온 것처럼 살아있는 그리스도를 가르쳐라. 예수가 그랬듯이, 세상 모든 것 안에서 비교할 수 없는 아름다움과 힘을 지닌 그리스도를 발견하고 가르쳐라. 그래야만 당신이 전하는 가르침에 권위가 실리고, 많은 사람을 같은 발견으로 이끌게 될 것이다. 이것이야말로 값을 매길 수 없을 정도로 귀한 진주다.

한 번도 예수가 가르친 핵심을 체험하지 못한 설교자들이 살아있는 그리스도가 아니라 낡은 형식과 교리, 그리고 탁상공론을 늘어놓는 바람에 교회는 텅 비어간다. 이런 사람들은 사람들에게 죽을 준비를 시키는 데 주력한다. 독일 속담에 나중에 할 일을 먼저 하지 말라는 말이 있다. 우리에게는 먼저 어떻게 살아야 하는지 가르쳐줄 사람이 필요하다. 죽음보다는 삶이 먼저다. 어떻게 살아야 할지 알고 그에 따라 살아가면 우리가 죽음이라 부르는 것을 아름다운 방식으로 맞이하게 된다. 이것이 죽음을 이기는 유일한 방법이기도 하다.

우리 안의 신의 숨결

알맹이 없는 빈껍데기에 지친 사람들이 교회를 떠나자 눈앞의 현상에 안절부절못하는 사람들은 교회가 죽어가고 있다고 말한다. 종교가 죽어간다니, 아직 진정으로 태어나지도 않았는데? 이렇게 말하며 걱정하는 사람들이 있는 한 종교는 이제 태동하고 있다. 살아있는 일상의 종교에 눈뜨기 시작한 것이다. 우리는 이제 단순한 교리를 넘어 진정 살아있는 영혼에 가까이 가고 있다. 종교가 죽어간다? 말도 안 되는 소리고 상상할 수도 없다. 사람의 영혼이 신의 일부이듯, 종교는 사람의 영혼의 일부다. 신과 사람의 영혼이 존재하는 한 종교는 절대 죽지 않는다.

물론 지금까지 종교로 생각했던 교의나 예배의식, 기도 등은 급속히 죽어가고 있다. 지금처럼 빠른 속도였던 적은 한 번도 없었다. 여기에는 두 가지 이유가 있다. 하나는 많은 사람들이 종교라고 간주된 교리나 의식 등에 질린 나머지 차라리 아무것도 하지 않는 편이 낫겠다고 생각하는 데서 오는 죽음이다. 겨울이 오기 전 나무가 나뭇잎들을 떨어뜨리듯 사람들은 종교를 떼어내

버리고 있다. 또 하나는 사람들이 신성한 숨결을 느끼고 모든 것 안에서 아름다움과 구원의 힘을 가진 그리스도를 발견하고 있다는 사실이다. 이들은 봄이 오면 새로 깨어난 생명이 겨우내 매달려 있던 죽은 나뭇잎을 떨쳐내듯이, 낡은 것을 밀어내고 새로운 것을 세운다.

빵 대신 돌멩이를, 생명의 양식 대신 껍질과 겨를 준 탓에 텅 비어가는 교회의 좌석에, 자신을 열어 드높은 영감을 받아들이는 사람들을 앉게 하자. 그리고 종교가 죽어가고 있다고 말하는 사람들에게 다시 물어보자. "교회는 죽은 것이 아니라 사람들을 일깨우며 불타고 있는 석탄이다." 신성한 숨결을 느끼는 사람들이 교회에서 사람들에게 참된 진리를 전하고, 그들의 영혼이 지고한 아름다움과 힘을 경험하게 하자. 그렇게 된다면 거의 비다시피 한 교회에 사람들이 넘쳐나 들어가고 싶어도 못 들어가는 사람까지 생길 것이다. "조개껍질을 깨 진주를 찾아라." 지금 우리에게는 새로운 계시가 필요하지 않다. 사람들이 이미 가지고 있는 생명의 영혼을 찾아내기만 하면 된다. 새로운 계시가 출현할 수도 있지만 분명히 지금은 그때가 아니다.

19세기의 유명한 영성학자 존 풀스포드(John Pulsford)는 "세상 모든 사람들은 구태의연한 종교에 대해 이런저런 비판을 늘어놓는 것보다 지금까지 느껴본 적이 없는 더 따뜻하고 강한 신의 숨결이 스며들어 그와 하나라는 사실을 체험하고 싶어 한다."라고 말했다. 내 개인의 경험으로 보아도, 6월의 아침이 지구의 생명들에 꼭 필요하듯이, 우리 인간들의 영혼에는 '성스러운 숨결'이 꼭 필요하다. 6월의 아침 햇살에 나무들은 자유롭게 생명을 키운다. 신의 숨결도 우리가 자신의 내면에서 큰 힘을 찾아내 꽃피우도록 일깨운다.

신의 숨결만큼 한 사람의 영혼을 중심에서부터 흔드는 것은 없다. 사람의 존재 전체가 활기를 되찾고 감각이 새로워지며, 감정과 이성 그리고 상상력이 모두 새로 태어난다. 자신을 열어 '신의 숨결'을 받아들이는 순간, 생각보다 큰 자기 내부의 힘에 놀라게 된다. 그리고 자신의 미래에 상상할 수 없는 놀라움이 준비되어 있다는 확신이 생긴다. 나는 여기에 인류의 영원한 희망과 신의 존재에 대한 증거가 있다고 말하고 싶다. '신의 숨결'로 우리 영혼에 봄을 소생시키고, 깊이 묻힌 씨앗에서 생명이 싹트게 하여 천국의 여름을 불러오자. 그때 당신은 우주 속에 당신이 있듯이 당신 속에 신이 존재하고 있음을 뚜렷이 깨닫게 된다. 세상과 자연 속에서 체험하는 그 어떤 일보다 내적인 신의 체험, 신과 하나라는 끝없는 희망이 훨씬 더 가까워지고 명확해질 것이다.

우주의 힘의 근원은 하나뿐이다. 당신이 무엇이든, 즉 화가든 웅변가든 음악가든 작가든 종교인이든 힘의 비밀을 파악하는 건 무한한 힘과 함께 일한다는 것임을 알아야 한다. 언제나 그 힘이 활동하고 당신을 통해 나타나도록 해야 한다. 그렇지 않으면 아무것도 할 수 없다. 어떤 일을 해도 3등이나 4등, 어쩌다 2등을 할진 몰라도 1등은 절대 될 수 없다. 남들을 지도하는 큰 인물이 되는 것은 꿈도 꿀 수 없다.

자신을 어떻게 생각하느냐에 따라 당신의 삶은 완전히 달라질 수 있다. 단순히 육체적이고 머리로 판단하는 삶을 이어가면 죽는 날까지 그 한계 속에서 살게 된다. 그러나 '무한한 생명과 힘'과 하나임을 깨닫고 그 힘이 자신을 통해 작동하도록 자신을 연다면, 완전히 새로운 장이 펼쳐진다. 당신은 그 힘으로 더욱 강해지고, 마음이 순수한 만큼 힘은 더 풍성해진다.

오, 신이여!
다시 태어나는 영광을 얻은 나는
영원히 당신과 하나가 되리.
온 천하가 이를 선포하니
이 세상 끝까지 그 힘이 미치리.

이 불멸의 힘은 내게 처음부터 있었으니,
내 존재는 장미넝쿨처럼 뻗어가고,
아름다운 향기가 구름처럼
나를 감싸고 흐른다.
기쁨과 영광의 노래가
내 가슴 속 깊은 곳의 영혼을 울리니,
신성하고도 티 없이 맑은 천국의 합창.

나는 커지는 힘을 느낀다
막 태동하는 신의 권능처럼
아름다운 비단 천이 나를 감싸고
낡은 것들로부터 나를 끌어내준다.

풍요를 끌어당기는 힘의 법칙

모든 생명을 물질의 형태로 가져다주는 '무한한 풍요의 영'이 있다. 이 '무한한 힘'과 하나임을 깨닫고 살아가는 사람은 자신이 원하는 무엇이든 끌어당기는 힘을 갖게 된다.

비슷한 것끼리 서로 끌어당긴다

자신이 가난하다고 생각하면 그는 더 가난해지고 가난에서 벗어나기 어렵다. 자신의 현재 상황이 어떻든 풍요롭다는 생각을 계속한다면 정신의 힘이 작용하여 실제로 조만간 풍요롭게 될 것이다. 풍요를 실현해주는 끌어당김의 법칙은 우주 전체에서 끊임없이 작동한다. 비슷한 것끼리 서로 끌어당긴다는 사실은 변하지 않는 중요한 진리다. 우리가 만물의 근원인 이 '무한한 힘'과 하나가 되고 이를 인식하며 살아가면 우리가 원하는 모든 것을 풍요롭게 가져오는 능력이 우리 내부에서 작동한다. 이 같은 방식으로 우리는 원하는 것을 실현할 힘을 갖게 된다.

모든 진실이 이 순간에 존재하며 우리가 알아차리기만 하면 되
듯이, 우리에게 필요한 모든 것 역시 지금 이 순간 존재하고 있
고 우리 내부의 힘이 인식하기만을 바라고 있다. 신은 모든 것을
가지고 있다. 그리고 언제나 이렇게 말한다. "나의 자녀들아, 언
제나 나를 생각하라. 너희가 얼마나 나를 생각하고 내 뜻을 따라
사느냐에 따라 내 모든 것이 너희 것이 될 것이다." 그는 자신을
받아들일 준비가 된 모든 사람에게 필요한 것을 준다. 누구에게
도 나쁜 일이 일어나게 하지 않는다.

오래전부터 신을 가까이 하려면 가난해야 한다는 생각이 널리
퍼져 있었다. 아마도 금욕주의와 관련해 이런 생각이 퍼졌을 텐
데 이는 전혀 근거가 없는 것이며 이런 생각에서는 빨리 벗어날
수록 좋다. 육체와 정신이 대립한다는 관점이 만연하던 시기의
이런 사고방식은 세상에 대해 뒤틀리고 편협한 생각을 갖게 만
들었다. 어떤 의미에서 참된 신성(神性)이란 참된 지혜와 같다고
볼 수 있다. 참된 지혜를 가진 사람, 자신에게 부여된 힘과 능력
을 활용하는 사람 앞에는 온 우주의 보물창고가 열린다. 필요한
것과 얻는 것이 동일하다. 즉 현명하고 정당하게 구하고 구하는
만큼 얻는다. 이 같은 법칙을 깨달으면 더 이상 물질적으로 부족

하지 않을까 하는 걱정에 시달리지 않는다.

당신이 직장을 잃었다고 가정해 보자. 만약 다시는 일자리를 구할 수 없을 것 같은 불안에 빠져 있다면 일자리를 찾는 데 오랜 시간이 걸리거나 일자리를 구해도 영 마음에 들지 않는 곳일 것이다. 자신이 힘과 능력을 갖고 있다는 걸 알고 이를 작동시키면 어떤 상황이 닥치더라도 일시적으로는 실패할지언정 이를 극복하고 결국은 승리할 수 있다. 내면의 힘을 작용시킨다는 건 잃어버린 직장보다 훨씬 좋은 직장을 끌어당기는 자석을 가진 것과 같으므로, 실직이 오히려 잘 된 일이라고 생각할 수도 있게 된다.

영혼의 말을 듣는 즉시 행동하라

우주 만물을 창조하고 다스리는 '무한한 힘'이 당신 안에서 당신을 통해 일하고 있다는 사실을 생각하라. 세계의 모든 시스템을 끝없이 운영하는 무한한 능력이다. 생각을 펼쳐라, 생각은 힘이다. 올바른 방향으로 적절히 생각을 이어가다보면 상상을 초월한 신비의 능력을 발휘할 수 있다. 적절한 직장이나 일거리가 적절한 시기에 적절한 방식으로 올 것이라고 생각을 펼치면 그것이 나타났을 때 알아차리게 된다. 주저하지 말고 간절하게 확신을 가지고 생각을 계속하라. 이것은 영적인 신문에 구직광고를 싣는 것과 같다. 지역신문이 아니라 지구 전체에 배부되는 신문이며, 우주 그 자체가 구독하는 신문이다. 당신이 광고를 제대로 실었다면 '최고의 광고매체'라는 어떤 종이신문보다 더 큰 효과를 얻을 수 있다. 이 사실을 인식하고 그 법칙과 힘에 조화를 이루며 살아간다면 분명히 효과적인 광고가 가능해진다.

신문의 구인광고란을 펼칠 때도 아무렇게나 보아서는 안 된다. 내부의 힘을 작동시켜 이를 통해 보아야 한다. 신문을 펼칠 때 '내가 지원할 만한 구인광고가 있다면 그것을 보는 순간 즉각 알아차릴 것이다.'라는 생각을 가져라. 이것을 굳게 믿고 기대하라. 이런 확신을 가지고 구인란을 보면 자신에게 적절한 광고가 눈에 들어오는 즉시 알아차리게 된다. 당신의 영혼이 당신에게 알려주는 직감이다. 영혼이 하는 말을 듣는 즉시 행동에 나서라.

직장은 구했지만 마음에 꼭 들지 않는다면, 더 좋은 직장이 있을 것 같다면, 지금 하는 일이 더 좋은 직장을 얻는 발판이라고 생각하라. 가슴속 깊이 이 생각을 새기고 믿고 기대하라. 그리고 현재의 일에 매순간 성실하게 최선을 다하라. 현재의 일에 불성실하다면, 더 좋은 직장을 구하기는커녕 더 나쁜 곳으로 가야 할 수도 있다. 주어진 일을 충실히 한다면 실직했던 것을 다행으로 생각하며 감사할 날이 올 것이다.

이것이 풍요롭게 사는 법칙이다. 어려움에 처하더라도 포기하지 말고 최선을 다하라. 언제나 더 좋은 일을 기대하라. 이런 마음을 유지하면 오묘하고도 강력한 힘이 조용히 작동해 상상에 불과한 일들이 조만간 물질적 형태로 실현된다. 생각의 힘은 신비롭다. 올바른 생각을 품고 이를 키워나가면 자신이 원하는 물질적 조건을 성취하는 씨앗이 된다.

한 순간도 불평불만에 시간을 낭비하지 말고 자신이 바라는 상황을 구상하고 실현하는 데 활용하라. 머지않아 풍요로운 상황이 올 것이라고 믿어라. 겉으로 드러내지 않더라도 마음속 깊이 확신하라.

절대적으로 믿고 희망을 계속 키워야 한다. 원하면 얻을 수 있다고 생각해야 한다. 망설이지 말고 확신을 가지라. 그래야만 생각이 물질적 형태로 실현되기 시작한다. 이것이 우주에서 가장 신비롭고 강력한 법칙을 작동하는 방식이다. 자신에게 좋고 또 합당한 어떤 것을, 자신의 삶을 확장시켜주거나 다른 사람에게 도움이 될 어떤 것을 간절히 원한다면, 적절한 때에 적절한 방법으로 그것을 얻게 될 것이라고 확신하라. 그러면 실제로 간절히 원하는 그것을 얻을 길이 열릴 것이다.

할 수 있는 일부터 시작하라

얼마 전에 돈이 급하게 필요한 지인이 있었다. 좋은 목적에 사용할 돈이었지만, 그녀에게는 당장 그 돈을 구할 방법이 없었다. 내면의 힘을 이해하고 있던 그녀는 우리가 앞에서 얘기한 자세로 잠시 침묵하며 기원했다. 지고한 힘과 완전한 조화를 이루도록 한 것이다. 그날이 가기 전에 먼 친척인 한 남성이 전화를 걸어와 자신의 집안일을 몇 가지 해줄 수 있느냐고 물었다. 어떻게 이런 제안을 하게 됐는지 약간 놀랐지만, 그녀는 '이건 기다리던 전화다. 일단 해보자. 다음 일은 그때 생각하자.'라고 마음먹었다. 그녀는 그 일을 받아들여 잘 해냈고, 예상보다 훨씬 많은 보수를 받았다. 자신이 한 일에 비해 지나치게 많은 액수여서 거절했지만, 친척은 "아니에요, 우리가 드리는 액수보다 훨씬 더 많은 일을 해주었어요."라며 극구 그 돈을 주었다. 이렇게 그녀는 자신이 하고 싶었던 일을 하고도 남을 정도로 많은 돈을 구할 수 있었다.

이것은 높은 능력을 현명하고 효과적으로 사용한 여러 많은 사례 중 하나인데 여기서 한 가지 교훈도 찾을 수 있다. 팔짱끼고 누가 입에 떡을 넣어줄 때까지 기다리지 말고, 자신에게 먼저 주어지는 것부터 잡아야 한다. 자신이 할 수 있는 일을 찾아 충실히 하라. 그 일이 마음에 들지 않으면 더 나은 어떤 일로 이끌어

줄 디딤돌이 될 것이라는 확신을 가져라. 가장 좋은 것을 자신에게 끌어당기는 첫 번째 법칙은 마음속으로 생각하고 가질 수 있다고 확신하는 것이다. 단지 상상일 뿐이라고 하는 사람들도 있지만 이것은 현실이고 보이지 않는 힘이다. 마음속에서 궁전에 살고 있으면 점차 궁전과 같은 환경이 자신에게 다가온다. 현재 상황을 비통해 하거나 없는 것을 갈망하면서 불평을 늘어놓아서는 안 된다. 언젠가 높은 곳으로 올라가리라 확신하면서도 '세상에 발붙이고' 살아가야 한다. 지금은 비록 흙수저로 밥을 먹지만 이 흙수저가 금수저로 바뀌게 되는 디딤돌이라고 생각하는 것이다. 지금 금수저를 가진 사람들에게 불평하거나 질투해서는 안 된다. 불평을 늘어놓는 것은 마음의 힘이라는 은행계좌에서 예금을 인출해버리는 것과 같다.

내면의 힘을 인식하고 자신의 생활 구석구석에서 그것을 지침으로 살아가는 친구가 이런 말을 들려주었다. 자신이 보유한 주식이 하락세에 있다면 침착하게 매도자들을 지켜보며 웃어주어야 한다. 단, 매수자들에게서 눈을 떼서는 안 된다. 하락세에 매도자들에게만 시선을 뺏기면, 상승을 노린 매수자들을 시야에서 놓치게 된다. 달리 말해 어려움에 굴복하면 그 어려움으로부터 벗어날 수 없다. 그러나 자신의 내부에 그 어떤 어려움이라도 극복하는 힘이 있다고 생각하면 거기서 벗어나 풍요로워진다. 어려운 시간이 닥치면 후회하거나 불안해하는 대신 차분하게 내부의 힘을 인식하며 그 힘이 작동할 수 있도록 해야 한다. 그러면 머지않아 어려움이 물러날 것이다.

흔들리지 않는 믿음이 성공의 유일한 법칙

믿음, 흔들리지 않는 믿음이 성공을 가져오는 유일한 법칙이다. 성공과 실패를 결정하는 요인은 자신에게 있으며 외부 환경에 좌우되지 않는다. 이 같은 사실을 인식하면 외부 환경을 성공의 요인으로 빠르게 변화시키는 힘을 갖게 된다. 이러한 깨달음을 얻어 가치 있는 법칙과 완전한 조화를 이루며 생활하면 내면의 힘에 초점을 맞추고 그 힘을 정확한 방향으로 작동시켜 원하는 바를 이룰 수 있다. 하지만 성공이 언제나 몇 발짝 앞으로 곧장 다가오지는 않는다. 우왕좌왕하지 않고 중심을 강하게 잡아야 한다. 확고한 믿음으로 흔들림 없이 기원하면 서서히 원하는 것을 얻을 수 있다.

오늘날 대부분의 사람들은 일상에서 활용할 수 있는 실용적인 것들을 찾는다. 하지만 우리가 논의하고 있는 법칙들, 위대한 진리의 토대를 이루는 이 법칙들을 자세히 살펴보면, 이것이야말로 진정한 의미에서 유일하게 실용적인 것임을 알게 된다. 자신이 매우 '실용적'이라고 생각하는 사람들에 비해 그런 것을 생각해본 적도 없는 사람들이 훨씬 더 실용적인 경우가 많다. 실제로 실용적이라고 자부하는 사람이 가장 비실용적인 경우도 많다. 어떨 때는 실용적이지만 생활 전체로 볼 때는 전혀 그렇지 못하다.

예를 들어, 물질적으로 세상 전체를 얻었다 할지라도 자신의 영혼을 제대로 모른다면 무슨 소용이 있을까? 우리 주위에는 진정한 삶에 대한 기본적 인식도 없이 헛된 삶을 영위하는 사람들이 많다. 말하자면 일시적인 것에 불과한 물질의 노예들이다. 그들은 물질적 부를 소유하고 있다고 생각하지만 실제로는 부에 소유당하고 있다. 그들에게는 주위 사람들이나 넓게는 세계에 대한 봉사라는 단어가 발붙일 틈이 없다. 육신(우리를 물질적 세계와 연결시키는 매체다)이 소멸되면 그들은 더할 나위 없이 가련해진다. 애써 모은 물질적 부의 일부도 가지고 갈 수 없기 때문이다. 그는 가진 것이 아무것도 없는 벌거숭이가 되어 다른 형태의 세상으로 들어가게 된다.

그들은 친절한 행동이나 고매한 품성, 영혼의 힘, 그리고 내면세계의 풍요로운 발전처럼 영원하고 진정한 재산에 대해서는 조금도 관심이 없다. 그래서 그들의 삶의 진짜 모습은 궁핍이다. 아니, 궁핍보다 더 나쁜 상황이다. 지금과 다른 형태의 세상이라고 몸에 밴 습관이 쉽게 바뀌지는 않는다. 이 세상의 어떤 것에 집착하며 살아간다면, 단지 육신을 벗어나는 것만으로 모든 것이 바로잡아지지 않는다. 원인에 결과가 따른다는 법칙은 어디에서나 적용된다. 뿌린 대로 거두는 것은 지금 이 세상뿐만 아니라 모든 세계의 법칙이다.

물질적 소유에 사로잡힌 사람은 영혼이 머물던 육체가 소멸된 후에도 노예 상태에서 벗어나지 못한다. 게다가 자신의 욕망을 충족시킬 수단도 없다. 이러한 집착이 몸에 배어 있으므로 다른 것에 애정을 가질 수 없으며, 욕망을 충족할 수 없으므로 고통은 배가된다. 자신이 이뤘다고 생각하던 물질적 풍요가 쪼개지고 탕진되는 것을 보면 그의 고통은 더 커질 것이다. 유언으로 자신의 재산을 누구에게 줄지 정할 순 있지만 그것이 어떻게 사용될지는 개입할 수 없다.

어떤 물질을 소유했다고 해서 그것을 자기 것이라고 생각하는 건 얼마나 어리석은가? 광대한 신의 대지에 울타리를 치고 자기 땅이라고 주장하는 건 가소롭기 짝이 없는 일이다. 내 일부가 아닌 것은 내 것이 아니다. 우리 손에 들어오는 것은 소유를 위한 것이 아니며, 축재는 더욱 목적이 될 수 없다. 다만 사용되기 위해 우리에게 왔으니 현명하게 사용해야 한다. 우리는 관리인에 불과하다. 나중에 주인에게 돌려줄 때는 그 사용에 대해 책임을 져야 한다. 뿌린 대로 거둔다는 인과율은 삶의 모든 부분에 적용된다. 우리가 늘 인식하지 않고 나와는 무관하다고 생각하더라도 항상 적용되고 있는 위대한 법칙이다.

무엇이 가치 있는 삶인지 깨달은 사람은 막대한 부를 축적하려하지 않으며, 무엇보다 지나친 욕심을 부리지 않는다. 내적으로 부유하다는 사실을 인식한 사람에게는 외형적인 부가 중요하지 않다. 자신의 내면에 힘의 원천이 있어 필요한 것을 언제든 충분히 얻을 수 있다는 사실을 안다면 물질적으로 많이 소유하려는 부담에서 벗어날 수 있다. 참된 삶을 살아가는 데 사용할 시간을 끊임없이 물질적 부를 위해 애쓰며 걱정하는 데 소비하지 않아도 된다. 자신의 내면에서 천국을 찾으면 나머지는 저절로 따라온다.

아무것도 소유하지 않았지만 모든 것의 주인인 예수는 부자가 천국에 들어가기란 낙타가 바늘구멍을 통과하는 것만큼 어렵다고 했다. 재산을 모으느라 모든 시간을 쏟아부어 혼자서 다 쓸수도 없을 만큼 많은 재물을 모은 사람이 천국을 찾는 데 시간을 낼 수 있을까? 그는 자신의 내면이 풍요의 원천이라는 것만 알면 다른 모든 것이 따라온다는 사실을 모른다. 어마어마한 재산을 유지하기 위해 항상 신경을 써야 하는 것과 우리 내면에 필요한 모든 것을 얻게 해줄 법칙과 힘이 존재한다는 걸 알고 살아가는 것 중 어느 쪽이 더 좋을까?

참된 지식의 세계로 들어가는 사람은 오늘날 많은 사람들이 깊이 빠져 있는 무모한 것들에도 정신을 뺏기는 일이 없다. 그들은 신체의 어떤 질병들을 피하듯 그러한 무모함을 멀리한다. 삶의 진짜 가치를 인식하게 되면 도움은커녕 방해만 되는 물질적 소유를 탐하기보다 진정한 삶에 주의를 집중할 수 있다. 이것이 참된 해결책이며 삶의 모든 과정에 적용되어야 하는 핵심이다.

풍요의 비결은 서로 나누는 것이다

세상을 살면서 우리가 쓸 수 있는 부는 한계가 있다. 그 이상의 부는 우리 인생에 도움이 되기보다는 방해가 되고 축복이 아니라 저주가 될 수 있다. 우리 주위에는 삶의 많은 부분을 재산을 모으는 데 쓰느라 힘들고 찌든 사람들이 많다. 지금부터라도 그 시간을 현명하게 사용한다면 더 아름답고 영원한 기쁨으로 가득 찬 삶을 누릴 수 있을 것이다.

평생 돈만 벌어왔던 사람이 세상을 떠날 때 모든 것을 '자선사업'에 쓰도록 남겼다 한들 그의 삶이 이상적이었다고 할 수 있을까. 그것은 가련한 변명에 불과하다. 신발이 필요한 사람에게 신지 않는 낡은 신발 한 켤레를 주는 건 별로 칭찬할 일이 아니다. 하지만 열심히 정직하게 일하며 가족을 부양하는 사람이 엄동설한에 신발조차 없는 누군가에게 튼튼하고 좋은 신발을 주었다면 칭찬할 만하다. 신발과 함께 따뜻한 마음까지 전해준다면 받는 사람에게 두 배의 선물이 되고 자신도 두 배로 축복받는다.

큰 재산을 가진 사람이 살아 있는 동안 날마다 현명하게 사용한다면 그 이상 바람직한 일이 있을까. 그렇게 하면 그의 삶은 계속해서 더욱 풍요로워진다. 그런 사람은 막대한 재산을 남긴 채 죽는 것을 부끄러운 일로 생각하게 될 것이다.

궁전 같은 집에서 살고 있지만 비가 새는 판잣집에 사는 사람보다 더 가난한 인생인 사람들도 많다. 자신은 궁전 같은 집에서 귀족처럼 산다고 생각할지 몰라도 실제로는 반쯤 허물어진 집에 불과하다.

사물이 썩거나 녹스는 것은 대자연의 위대한 과정이다. 쌓인 채 사용되지 않았던 것들이 이 과정을 거쳐 분해되고 흩어져서 새로운 형태로 탄생한다. 쌓아두기만 하면 진정한 기쁨의 힘이나 그 가치도 줄어들어 결국 사라지게 된다. 이것이 불변의 법칙이다.

많은 사람들이 낡은 것에 계속 집착하기 때문에 가치 있고 좋은 것들을 가까이 하지 못한다. 그들이 낡은 것을 사용하고 처분한다면 새로운 것들이 들어설 공간이 만들어진다. 쌓아두는 것은 손실을 의미한다. 현명하게 사용해야 계속해서 새로워질 수 있다.

나무가 한 해 동안 제 몫을 다한 잎을 떨어뜨리지 않고 계속 매달고 있다면 봄이 왔을 때 온전하고 아름다운 새 생명이 자라날 수 있을까? 나무는 서서히 시들다가 결국은 죽게 된다. 이미 죽은 나무는 새 잎이 나올 수 없기 때문에 낡은 잎이 매달려 있어도 된다. 그러나 생명을 가지고 있는 한 낡은 잎을 털어내고 새로운 잎이 자라날 공간을 만들어주어야 한다.

풍요로움은 우주의 법칙이다. 장애물만 없다면 필요한 모든 것을 얻을 수 있다. 자연스럽고 정상적인 삶은 이런 것이다. '무한한 생명과 힘'이 나와 하나라는 사실을 끊임없이 인식하고 그 생명과 힘으로 충만해지면 필요로 하는 모든 것을 언제나 풍요롭게 얻으며 살아갈 수 있다. 물질을 쌓아두지 않고 가진 것을 현명하게 사용함으로써 새로운 것, 현재 우리가 필요로 하는 것을 얻게 된다. 이렇게 우리는 '무한한 풍요로움'의 보물창고를 가지게 되고, 창고의 문을 열어 다른 사람에게도 풍요를 전해줄 수 있다.

내 안에 신이 함께하고 있다 10

나는 지금까지 이성과 통찰력을 바탕으로 중요한 진실들을 균형 있게 설명해 왔다. 아무리 귀한 가르침이더라도 다른 사람들의 가르침을 근거로 내 생각을 전개하지는 않았다. 하지만 지금은 잠시 세계의 위대한 사상가와 고귀한 스승들이 남긴 사상과 교훈에 비추어 위대한 진실들을 살펴보도록 하자.

우리는 하나이다

이 책에서 나는 우리가 무한한 생명과 하나임을 인식하고 자신을 활짝 열어 그 신성한 흐름을 받아들이는 것이 인생에서 가장 중요한 사실이라는 점을 이야기해 왔다. 예수도 '나와 아버지는 하나이다'라고 말했다. 이 말은 예수가 아버지 하느님의 생명과 자신이 하나라는 걸 깨닫고 있었다는 뜻이다. 그는 또 "내가 여러분에게 하는 말은 나 스스로 하는 말이 아니라, 내 안에 머무시는 아버지께서 당신의 일을 하시는 것이다."라고 했다. 예수는 자신이 혼자서는 아무것도 할 수 없으며, 모두 아버지와 함께 하는 것임을 분명히 인식하고 있었다. 그는 '아버지께서 나와 함께하신다.'고 했다. 자신을 활짝 열고 아버지께서 보내시는 힘을 받아들여 그 힘과 함께 일한다는 뜻이다.

예수는 또한 "먼저 하느님의 나라와 그분의 의로움을 찾아라. 그러면 이 모든 것도 곁들여 받게 될 것이다."라고 했다. 그리고 이것이 무슨 뜻인지 분명히 밝혔다. "이곳저곳에서 찾으려 하지 말라. 하느님의 나라가 너희 안에 있는 것을 모르느냐?" 그의 가르침은 하느님의 나라와 천국은 같은 것이며 천국이 우리 안에 있으니 아버지의 생명과 우리 자신이 하나임을 깨달으라는 뜻이다. 아버지 하느님의 생명과 하나라는 걸 깨달으면 천국을 발견할 수 있으며, 다른 모든 것들도 따라온다.

방탕한 아들의 이야기는 예수의 이 위대한 가르침을 보여주는 좋은 사례다. 이 아들은 육체적인 기쁨과 행복을 찾아 많은 곳을 방황하다가 가지고 있던 모든 것을 써버린 다음에야 그런 것으로는 만족을 얻기는커녕 자신이 짐승처럼 되어버렸다는 사실을 깨달았다. 정신을 차린 그는 일어나 아버지께 가야겠다고 말한다. 오랜 방황 끝에 그는 자기 내면의 소리를 들은 것이다. "너는

짐승 같은 존재가 아니라 네 아버지의 아들이다. 일어나 아버지께 가라. 네 아버지는 모든 것을 가지고 계신다." 예수는 또 말했다. "지상의 어느 누구에게도 아버지라고 불러서는 안 된다. 하늘에 계시는 분만이 너의 아버지시다." 예수는 진정한 생명이 하느님의 생명과 직결된다는 사실을 인식했다. 우리는 부모님으로부터 육신을 얻지만 진정한 생명은 생명의 무한한 원천이신 하느님, 우리의 아버지로부터 비롯된다.

하루는 예수가 그의 어머니와 형제들이 밖에서 자신을 찾고 있다는 이야기를 들었다. 예수는 "누가 나의 어머니요 형제들이란 말인가?" 묻고는 대답했다. "하늘에 계신 내 아버지의 뜻을 행하는 자는 누구든 내 형제자매이며 어머니다."

사람들은 대부분 인연이라고 부르는 끈에 얽매여 살아간다. 하지만 진정한 인연은 혈연으로만 맺어지는 것이 아니다. 마음과 영혼이 통하는 사람들이야말로 가장 가깝게 맺어진 인연이다. 지구 반대편에 살아도, 한 번도 만난 적이 없어도, 각기 다른 방식으로 살아가고 있더라도 끌림의 법칙, 언제나 작동하는 이 법칙에 따라 서로 끌어당겨지는 사람들이다.

예수는 지상의 그 누구에게도 아버지라고 불러서는 안 된다고 했다. 하늘에 계신 분만이 유일한 아버지이다. 하느님이 곧 아버지라는 말이다. 하느님이 모두의 아버지라면 사람은 모두 형제가 된다. 여기에는 중요한 생명의 이치가 담겨 있다. 즉 인간과 하느님이 하나이며, 따라서 인류 전체가 하나라는 것이다. 이 사실을 깨달으면 '무한한 생명'과 우리가 하나라는 걸 알고 인류가 다 함께 이 사실을 인식하도록 노력하면서 하느님께 한 발짝 더 다가갈 수 있다.

예수는 또 무한한 생명과 우리의 진실한 관계에 대해 "너희가 어린아이와 같이 되지 않는 한, 천국에 들어갈 수 없다."라고 말했다. 그리고 "사람이 빵으로만 사는 것이 아니며 하느님의 입에서 나오는 말씀들로 살아간다."고도 했는데, 이것은 지금까지 우리가 생각한 것보다 훨씬 더 중대한 진실을 이야기한다. 육체적인 생명조차 물질적인 음식만으로는 유지할 수 없다. '무한한 근원'과의 연결에 따라 육체적 구조와 활동들까지 그 조건이 크게 좌우된다. 마음이 순수한 사람은 하느님을 볼 수 있기 때문에 행복하다고 하는데, 이는 우주 전체에서 하느님만을 생각하는 사람들이 하느님을 볼 수 있으므로 행복하다는 뜻이다.

'나'라는 생각에서 벗어나야 하나가 된다

힌두교의 성자 마누(Manu, 인도 신화에 나오는 대홍수 신화의 주인공이자, 마누 법전의 저자)는 자신의 영혼을 통해 모든 존재에 깃들어 있는 초월적 존재를 알아보고 그에 의지해 평정을 유지하는 사람이 드높은 축복에 이를 수 있다고 했다. 성 아타나시오(St. Athanasius, 알렉산드리아의 아타나시우스라고도 부르는, 4세기에 활동한 알렉산드리아 대주교)는 우리도 육체를 가진 신이 될 수 있다고 했다. 부처가 된 싯다르타의 생애와 가르침 속에서도 동일한 가르침을 발견할 수 있다. 그는 사람들이 '나'라는 생각에서 벗어나지 못하기 때문에 얽매인 삶을 살아간다고 했다. 각자가 분리된 개체라는 의식을 버리고 자신이 무한한 존재와 하나라는 사실을 깨달으라는 것이 그의 가르침 전체에 살아 숨 쉬는 정신이다. 중세에 여러 신비주의자들의 삶을 관통한 정신도 이 위대한 진리, 즉 신과 하나됨이었다.

좀 더 근래의 현자로는 에마누엘 스베덴보리(Emanuel Swedenborg)가 있다. 그는 '신성한 흐름'이라는 위대한 법칙을 지적하며, 어떻게 하면 우리 자신을 활짝 열어 그 흐름에 완전히 동화될 수 있을지 이야기했다. 퀘이커 교도의 예배와 신앙의 중심에도 내면의 빛이라는 위대한 사실이 자리하고 있다. 우리 영혼이 신을 향해 열려 있는 만큼 신이 우리에게 직접 이야기를 한다. 내가 아는 한 현자는 이 위대한 진리를 인식하고는 우리 모두가 생명의 바다로 흘러들어가는 입구라고 말했다. 그 흐름에 자신을 열어 그 드높은 영감을 얻을 수 있다는 의미였다.

신의 목소리에 귀 기울여라

역사의 어느 시간에나 진정한 지혜와 힘의 세계에서 진실한 기쁨과 평화를 누리고 더 높은 힘과 조화를 이루며 산 사람들이 있다. 구약시대의 다윗은 하느님의 목소리에 귀를 기울일 때는 그 영혼이 찬양과 경배로 타올라 신이 이끌어주는 삶을 살 수 있었다. 하지만 그가 신의 목소리를 외면했을 때 그의 영혼은 고뇌와 비탄 속에 울부짖었다. 사람들만이 아니라 민족들도 마찬가지다. 이스라엘 민족이 하느님을 알고 그의 인도를 따를 때는 번성하고 풍요로웠으며, 그 강한 힘을 누구도 가로막을 수 없었다. 그러나 그들이 자신의 힘에 의존해 정작 힘의 원천인 하느님을 외면하자 그들은 정복당하고 노예가 되어 절망에 빠졌다.

하느님의 말씀에 귀를 기울이고 이를 행하는 사람이 축복받은 사람이라는 사실은 진리의 토대를 이루는 불변의 법칙이다. 여기에서 모든 것이 시작된다. 높은 빛을 따라 살아가면 그만큼 지혜로워진다.

세상의 모든 예언자와 현자, 성자들은 모두 이 같은 과정을 자연스럽게 받아들여 그런 힘을 얻었다. 자신이 무한한 생명과 하나임을 깨닫고 그 힘을 향해 마음을 열었던 것이다. 신은 사람을 차별하지 않는다. 태어날 때부터 예언자나 현자, 성자가 정해져 있는 것이 아니다. 신은 사람을 창조했을 뿐 그들 가운데에서 진정한 자아를 깨닫고 자신의 삶이 생명의 근원과 하나임을 알게 된 이들이 나타난다. 그들은 생명의 근원과 하나되어 살아가고 그렇게 예언자, 현자, 성자가 된다. 신은 인종이나 민족도 차별하지 않는다. 신이 선택한 민족이란 없다. 하지만 신을 경외하고 신에게 선택되었다는 생각으로 살아가는 민족들이 생기기도 한다.

기적이 일어나는 시기나 장소도 따로 있는 것이 아니다. 이 모두를 관통하는 법칙에 순응한다면 지금도 기적은 일어날 수 있다. 기적을 행하는 사람은 신과 함께하는 사람이며, '신과 함께'가 기적을 행하는 비밀이다. 신과 함께함으로써 기적이 일어난다.

신은 특정한 사람을 편애하여 그를 번영시키지 않는다. 하지만 신의 숭고한 법칙에 따라 살아가는 사람은 번영한다. 솔로몬은 원하는 것을 선택할 기회가 주어졌을 때 현명한 판단으로 지혜를 택했다. 그가 선택한 지혜에는 그 밖의 모든 것이 포함되어 있었다. 신이 파라오의 마음을 완고하게 만들었다고들 하지만 나는 그렇게 생각하지 않는다. 신은 어느 누구의 마음도 비뚤어지게 하지 않는다. 파라오 스스로 마음을 완고하게 가진 것이다. 파라오가 마음의 문을 닫고 신의 목소리를 거역하자 재앙이 닥쳤다. 원인이 있어서 그 결과가 생긴 것이다. 반대로 파라오가 신의 목소리에 귀를 기울였다면, 즉 자신을 열고 신을 따랐다면 재앙은 일어나지 않았을 것이다.

우리는 자기 자신에게 최고의 친구가 될 수도 있고 최악의 적이 될 수도 있다. 내면에 있는 가장 높고 선한 것과 친구가 된다면 우리는 모두에게 친구가 된다. 우리가 내면의 높고 선함을 적으로 돌린다면 모두의 적이 될 수밖에 없다. 숭고한 권능에 자신을 열고 그 능력이 우리를 통해 실현되도록 하면, 그 힘이 우리를 일으켜 주위 사람들에게도 도움이 되고 우리가 모두 서로에게 도움이 될 수 있다. 이것이 정말 우리가 세계의 구원자 중 한 명이 되는 방법이다.

어떤 길을 가든 한 곳으로 통한다

지금 우리가 이야기하는 진리는 모든 종교를 관통하는 기본적인 원리다. 어느 종교에서나 찾아볼 수 있고, 자신이 가진 종교에 관계없이 모두 동의할 수 있는 위대한 진리다. 사람들은 사소하고 개인적인 의견 차이로는 다투지만 기본적인 진실의 존재 앞에서는 언제나 하나가 된다.

가뭄이나 홍수, 기근, 역병 같은 재앙에서도 그렇다. 서로 싸우다가도 어려움을 극복하기 위해 어깨를 맞대고 협력한다. 항상 변할 수 있는 개인의 자아는 다툼을 벌이지만 일관된 영혼의 자아는 사랑과 봉사라는 숭고한 노력 속에서 하나를 이룬다.

애국심은 아름다운 것이다. 하지만 자신의 조국은 사랑하면서 다른 나라를 미워한다면 한계를 드러내는 것이다. 자기 나라를 사랑하는 것처럼 다른 나라들도 사랑할 때 그 사람의 품격이 드러난다. 그렇게 숭고한 애국심일 때에야 신뢰를 얻게 된다.

신이 생명과 힘의 무한한 원천이며, 모든 곳에서 모든 것을 통해 자신을 구현한다는 데는 모두가 동의한다. 신을 이렇게 정의하면 무신론자가 따로 있을 수 없다. 그러나 신을 생각하는 관점은 매우 다양하며 그러한 관점에 따라 무신론자도 존재한다. 그들 중에도 무한한 생명의 원천인 신에게 감사하는 이들이 있다. 반면에 경건하고 독실한 신자들 중에는 신에게 불평을 터뜨리는 경우도 많다. 심지어 그들은 신이 그의 자녀들에게 화내고 질투하고 복수하는 것을 보지 못해 안달이다. 사람들이 그런 품성을 드러내도 불편한데 신이 이런 품성을 가지고 있을 거라고 생각하는 것이다.

사실 진실하고 열정적인 이단자는 참된 종교의 가장 좋은 친구라 할 수 있다. 이단자는 신의 충실한 머슴이며 인류를 섬기는 진정한 종이다. 예수는 세계에서 가장 위대한 이단자였다. 그는 당시의 어떤 가르침이나 믿음에도 구애받지 않았다. 그는 극단적으로 보편을 지향하였다. 이와 달리 세례자 요한은 개인적 특성이 강했다. 요한은 특정한 방식으로 옷을 입었고, 특정한 음식을 먹고, 특정 교단에 소속되고, 특정한 장소에서 생활하며 가르

쳤다. 점차 그는 자신은 작아져야 하고 그리스도는 커져야 한다는 사실을 깨달았다. 이와 대조적으로 예수는 어떤 것에도 얽매이지 않았다. 그는 한계 없이 가르쳤다. 그의 가르침은 그 시대만이 아니라 모든 시대를 위한 것이었다.

영혼이 누릴 수 있는 최고의 기쁨

우리가 인생에서 가장 핵심이라고 생각하는 진리가 모든 종교의 본질을 이루고 있다. 이 사실을 기억하며 살아가면 사소한 차이나 편견들은 무의미한 것이 되어 사라진다. 유다인들이 가톨릭 성당에서, 가톨릭 신자들이 유다교 회당에서 똑같이 예배를 드릴 수 있고, 불교도가 기독교 교회에서, 기독교도가 불교 사찰에서 똑같이 기도할 수도 있다. 집에서든 언덕에 서서든 예배할 수 있고 일상 활동을 하면서도 기도를 드릴 수 있다. 진정한 예배에 필요한 것은 신과 인간의 영혼뿐이다. 시간이나 계절, 장소 등은 문제가 아니다. 언제 어디서나 신과 인간은 만날 수 있다.

이것은 보편적인 종교의 기본 원리다. 누구나 동의할 수 있는 이 위대한 진리는 변하지 않는다. 본질적인 것이 아니거나 개인적인 사실이라면 모두의 동의를 얻지 못하고 시간이 지나 사라지게 된다. 이 위대한 진리를 깨닫지 못한 기독교인은 "하지만 예수는 성령을 받았지 않습니까?"라고 묻겠지만, 성령은 예수만

받은 것이 아니다. 또한 불교도는 "부처님은 성불하지 않았습니까?"라고 묻겠지만 성불한 이는 부처님만이 아니다. 또 다른 기독교인은 이렇게 물을 것이다. "그렇지만 성서는 성령으로 쓰이지 않았습니까?" 맞는 말이다. 그런데 성스럽게 쓰인 다른 경전들도 있다. 바라문이나 불교도는 "베다는 신성하지 않습니까?"라고 물을 것이다. 맞다. 하지만 거룩하고 신성한 다른 책들도 있다. 이들의 오류는 자신들의 경전이 신성하다고 믿는 것이 아니라, 다른 경전들에 담긴 진리를 알아보지 못하고 있다는 사실이다.

성스러운 책, 신의 뜻이 담긴 경전은 모두 같은 근원, 즉 신으로부터 나온다. 자신을 열어 신을 받아들인 사람의 영혼을 통해 신이 말하는 것이다. 신에게 자신을 여는 정도에 따라 신의 목소리도 달라진다. 히브리 경전 속의 한 현자는 지혜가 신이 가진 힘의 숨결이며, 이 숨결이 모든 시대를 통해 거룩한 영혼들 속으로 들어가 그들을 신의 친구나 선지자로 만든다고 말했다.

'무한한 신'이 지구의 어느 한 구석에서, 어떤 특정 시기에, 한 줌에 지나지 않는 소수의 자녀들에게만 자신을 드러낸다고 생각하는 꽉 막히고 좀스런 사람이 되어서는 안 된다. 신은 이렇게 일하지 않는다. 신은 절대로 인간을 차별하지 않으며, 기독교 경전에 쓰여 있듯이 어느 민족이나 신을 존경하고 정의를 행한다면 그들 앞에 모습을 드러낸다.

이 진리를 완전하게 깨닫는다면 어떤 형태의 종교를 갖고 있느냐보다는 그 종교의 진리를 얼마나 자신의 삶에 구현하며 사느냐가 중요해진다. 자기 자신보다 진리를 더 사랑한다면 다른 사람에게 내 생각을 강요하기보다는 사람들 각자가 가장 합당한 방식으로 진리를 구현하며 살기를 바랄 것이다.

어떤 길로 가든 종교는 하나다

모든 종교의 근본적 원리는 동일하다. 사람마다 그 원리를 받아들이고 표현하는 방식이 약간씩 다를 뿐이다. 내가 무슨 종교를 가지고 있는지 묻는 사람들이 있다. 무슨 종교? 세상에는 오직 하나의 종교, 즉 살아 있는 신의 종교만 있을 뿐이다. 같은 종교라고 해도 해석이 달라 어떤 차이들이 있지만 그것은 그리 중요하지 않다. 진리에 영혼을 활짝 열수록 그러한 차이는 더욱 무의미해진다. 세상에는 여러 이름의 종교가 있지만 실제로 종교는 하나뿐이다.

이 위대한 사실을 잊는 순간 우리는 참된 종교의 근본적 정신에서 멀어지고 형식적인 것에 스스로를 얽매게 된다. 자신의 주위에 담을 쌓아 다른 사람을 배척하고 자신도 보편적 진리에 다가가지 못하게 된다. 보편적이지 않으면 진리라고 부를 가치도 없다.

종교는 하나뿐이다. "어떤 길로 가든 신에게 가는 큰 길로 통하게 된다. 그 길에 신이 깔아둔 융단은 넓고 아름답다." 페르시아 경전 속의 한 선지자는 이렇게 적었다. 불교도는 "순수한 사람은 어떤 형식의 신앙이든 존중한다."라고 말한다. "나의 가르침은 신분과 빈부를 구별하지 않는다. 하늘처럼 모두에게 펼쳐져 있으며 물처럼 모두를 똑같이 적셔준다." 중국인들은 "마음이 넓은 사람은 다른 종교들 속에서 진리를 보지만, 마음이 좁은 사람은 그 차이만을 본다."고 말한다. 힌두교인들은 "마음이 좁은 사람들은 그 사람이 다른 지방에서 왔는지 고향사람인지를 묻는다. 하지만 마음에 사랑을 품고 있는 사람은 온 세상 사람을 다 한 가족으로 생각한다." 제단 위에 놓인 꽃은 서로 다를 수 있지만 섬기는 마음은 모두 같다. "천국에는 수많은 문이 있으며, 모두 각자 자신의 길을 통해 들어갈 수 있다." 기독교인은 "우리 모두 한 분이신 아버지의 자녀가 아니겠느냐?"라고 말한다. "신은 같은 피로 모든 민족을 만드시고 이 땅에서 살게 하셨다." 고대인들의 영혼에 '아버지'가 가치 있는 존재로 밝혀졌듯이, 현대의 우리들에게도 아버지, 즉 신은 커다란 가치를 지닌다.

영국 시인 알프레드 테니슨(Alfred Tennyson)은 이렇게 말한다. "돌을 쌓아 신성한 사원을 짓고 싶다. 모스크도, 사찰도, 교회당도 아닌 그곳은 더 고귀하면서도 소박한 곳이다. 언제나 열려 있어 하늘의 숨결을 느낄 수 있으며, 진리와 평화 그리고 사랑과 정의가 함께하는 장소다."

진실한 의미에서의 종교는 인간의 영혼이 누릴 수 있는 최고의 기쁨이다. 그런 종교는 평화와 기쁨, 행복을 전해주고, 우울이나 오랜 슬픔을 씻어내 준다. 종교가 누구에게나 매력적이고 아무도 거부하지 않는 것이 된다. 우리 교회가 위대한 진리로 가득 차 사람들이 무한한 신과 자신들이 하나로 연결되어 있다는 사실을 깨닫도록 도와준다면 기쁨이 넘쳐나는 교회에 사람들이 붐비게 될 것이다. 사람들 사이를 나누던 담벼락이 무너지고 기쁨의 노래가 끊임없이 울려퍼질 것이다. 진실한 종교가 사람들의 일상에 함께하면 서로 사랑 속에서 살아가는 세상이 된다. 그게 아니라면 종교라고 할 수 없다. 우리에게는 현실의 일상에서 함께하는 종교가 필요하다. 그렇지 못한 종교에 시간을 투자하는 것은 낭비보다 더 나쁘다. 현재의 순간순간을 영원처럼 살아야 한다. 그렇지 않으면 모든 일이 실패로 돌아간다.

12

지금 이 순간부터 시작하라

기쁨으로 충만한 영원의 삶을 실현하는 지름길이 있을까? 우리가 그처럼 가장 아름답고 진실한 삶을 살아갈 수 있을까?

마음과 가슴을 열고 신성한 흐름을 받아들여라

어려울 것이라고 생각하며 위축되지 않는 한 사실 어렵지 않다. 가장 중요한 건 자신을 여는 일이다. 문이 열리기만 기다리고 있는 신성한 흐름에 마음과 가슴을 열어 받아들이기만 하면 된다. 저수지의 수문을 열어 물을 아래 들판으로 흘려보내는 것과 같다. 물은 자연스럽게 아래로 흘러 들판을 적신다. 우리가 무한한 생명과 하나라는 사실을 실현하기 위해서는 지금까지 이야기한 것처럼, 무한한 생명과 우리가 하나임을 깨닫는 것이 가장 중요하다. 그리고 마음과 가슴을 열어 받아들이려는 진지하고 간절한 자세를 가져야 한다.

매일 아침, 방해받지 않는 고요한 장소에서 몇 분이라도 마음을 가라앉히고 침묵하라. 마음을 열고 받아들이는 자세로 '무한한 생명의 영'과 고요히 머물러라. 평온 속에서 그 힘과 하나라는 깨달음이 영혼을 가득 채우기를 간절히 기원한다. 영혼이 깨달음으로 충만해지면 마음으로 표현되고 이어서 몸 전체로 퍼져나가는 것을 느끼게 된다. 자신을 활짝 열수록 고요한 평화의 밝은 힘이 몸과 마음의 조화를 이끌고 점차 세계와도 조화로워진다. 이제 당신은 산의 정상에 올라 신의 목소리를 듣는다. 산을 내려가더라도 이 깨달음을 잊지 않고 일체감 속에서 자고 일어나며 일하고 생각하며 걷는다. 이렇게 되면 계속해서 산의 정상에 서지 않더라도 정상에서 느낀 아름다움과 영감, 그리고 그 힘을 간직하며 살아갈 수 있다.

바쁜 사무실이나 혼잡한 거리에 있을 때도 생각에 망토를 두르고 침묵 속으로 잠겨들어, 언제 어디서나 '무한한 생명과 사랑, 지혜와 평화, 그리고 충만한 생명의 힘'의 보호와 인도를 느낄 수 있다. 이것이 끊임없이 기도하는 사람의 자세이며, 신을 알고 신과 함께 걷는 길이다. 이렇게 하여 내 안의 예수를 발견하고, 새로 태어날 수 있다. 첫 번째는 자연적인 탄생이며 두 번째는 영적인 탄생이다. 옛사람 아담이 물러나고 새 사람 예수가 등장한다. 그가 가진 믿음이나 신앙의 형식이 어떠하든 영원한 생명이라는 구원을 얻는다. 신을 아는 것이 영원한 생명이기 때문이다. "언젠가 영원한 생명을 얻으리라."는 소망 대신에 "지금 이 순간 아름다운 영원함"이 실현된다.

이 순간을 놓치지 마라

우리가 원한다면 매일 매순간 실현할 수 있는 삶이다. 방향만 올바르다면 이러한 일체감은 시간문제이다. 정상을 향해 산에 오르면 늦든 빠르든 언젠가는 정상에 도착한다. 하지만 방향을 잘못 잡아 출발하면 목적지에 도착하지 못한다. 괴테는 이렇게 말했다.

진정으로 원한다면 이 순간을 놓치지 말라,
당신이 할 수 있거나 꿈꿀 수 있는 일부터 시작하라,
용기에는 재능과 힘 그리고 마법까지 따르리라.
발을 딛기만 하면 마음은 불타오른다.
시작하라. 완성이 기다리고 있다.

청년 고타마 싯다르타는 진리에 눈을 떠 부처가 되겠다고 결심했다. 이 결심이 그를 깨달음에 이르게 하여 실제로 니르바나(nirvana, 열반)에 이르렀다. 그는 누구나 그와 같은 깨달음을 얻어 열반에 들 수 있다고 가르쳤다. 이 가르침을 따라 수많은 사람들이 구도의 길로 나섰다.

예수라는 청년은 "당신들은 내가 아버지의 일을 해야 하는 것을 모르는가?"라고 말했다. 그는 "아버지와 나는 하나다."라는 사실을 분명히 깨달아 이 세상에서 하느님의 나라, 천국을 실현했다. 누구나 이 사실을 알면 하느님의 나라를 얻을 수 있다는 것이 그의 가르침이었다. 그는 등불이 되어 수많은 사람들을 진리의 길로 이끌었다.

현실적인 측면에서도 온 세상천지에서 이보다 더 실용적인 가르침은 없을 것이다. '먼저 하느님의 나라와 그 의로움을 구하라. 그러면 다른 모든 것도 더불어 얻게 된다.' 진리를 향해 자신을 열어 온몸으로 받아들인 사람들 중 이 진실을 통해 위대한 법칙을 깨닫지 못한 사람은 한 명도 없었다.

내 주변에는 '무한한 생명의 힘'과 하나라는 사실을 깨닫고 그 거룩한 이끄심에 온전히 자신을 열어 풍요로운 삶을 찾은 사람들이 여럿 있다. 이들은 위대하고 더없이 중요한 이 진리의 확실한 사례들이다. 삶의 큰 방향뿐만 아니라 일상적인 일들에서도 그들은 그 힘의 도움을 받았다. '무한한 힘'과 하나라는 사실을 알고 조화를 이루며 살아가다보니 그들은 바로 여기에서 천국을 발견했다. 그들에겐 모든 것이 풍성해 어떤 것도 부족하지 않다. 필요한 만큼 얻는다. 무엇을 어떻게 해야 할지 망설이는 법이 없다. 걱정할 것이 없는 삶이다. 자신을 이끌어주는 드높은 힘에 따르기만 하면 된다는 걸 알기 때문에 걱정도 하지 않는다.

조화를 이루면 충만한 삶으로 이어진다

지금 이 순간 내 머리에 떠오른 몇 사람의 삶을 구체적으로 살펴보면, 기적이라고밖에 할 수 없을 정도로 신비스럽다. 하지만 한 사람의 삶에서 가능한 일은 다른 모든 사람들에게도 가능하다. 이것은 자연적이며 정상적인 삶이다. 가치 있는 법칙과 조화를 이루며 살아가는 모든 사람의 일상적인 생활방식이다. 우주를 관통하는 신성한 흐름 속에 몸을 맡기기만 하면 누구나 이렇게 살 수 있다. 이 흐름 속에서는 삶이 삐걱거리거나 망설여지지 않고 행성들이 궤도를 운행하듯, 밀물과 썰물이 교차하듯, 계절이 바뀌듯 자연스럽게 이어진다.

살면서 겪는 마찰이나 불확실성, 갖가지 질병과 고통, 그리고 두려움이나 당혹감 등의 혼란은 신성한 질서와 조화를 이루지 못할 때 생기는 것이다. 변화가 없다면 혼란은 계속될 수밖에 없다. 물살을 거슬러 노를 젓는 것은 어렵고 불확실하다. 하지만 물살을 타면 자연의 힘을 이용해 편안하고 안전해진다. '무한한 생명'과 하나라는 사실을 깨달아 신성한 흐름에 몸을 맡기라. '무한함'과 조화를 이루게 되면 지상과 하늘, 우주의 모든 것과 조화를 이룰 수 있다. 무엇보다 자기 자신과 조화로워진다. 몸과 마음, 정신의 완전한 조화 속에서 완벽하고 충만한 삶을 살 수 있다.

그 조화 속에서는 더 이상 감각에 끌려다니지 않는다. 정신이 육체를 지배하고 영혼의 빛이 정신을 인도한다. 한쪽으로 편중되거나 빈궁한 삶에서 벗어나 육체와 정신, 영혼이 조화롭게 하나를 이루는 기쁘고 충만한 삶이 이어진다. 금욕이나 쾌락추구라는 극단이 아니라 어디에도 치우치지 않는 중용이야말로 삶의 위대한 해답임을 깨닫는다. 세상의 모든 만물은 쓰이기 위해 존재한다. 하지만 현명하게 써야만 충분히 누릴 수 있다.

더 높은 가치를 실현하며 살아가는 삶에서는 감각이 무시되는 것이 아니라 더 완전해진다. 감각이 더욱 발달해 우리가 알지 못했던 힘들도 인식하게 된다. 이렇게 하여 완벽하게 정상적이고 자연스러운 방법으로 인식을 초월한 영역으로 들어갈 수 있으며 지고한 법칙과 진리에 접근하게 된다. 이러한 영역으로 들어서면 통찰력과 힘을 가진 사람이 누구인지 고민하지 않고도 알아낼 수 있게 된다. 남이 하는 말에 휘둘리지 않고 오직 자신의 확신으로 말하고 행동할 수 있다. 삶이 권위를 갖추게 되는 것이다. 세상에는 우리가 직접 체험하지 않으면 알 수 없는 것들이 많다. 그리스 철학자 플로티노스(Plotinus, 고대 그리스의 철학자이자 신비사상가)는 "신의 뜻을 알려면 먼저 신이 되어야 한다."라고 말했다. 삶의 높은 법칙과 진리가 우리 앞에 모습을 드러내게 하여 우리 자신이 깨달은 자가 되면 이를 통해 다른 사람들에게 진리를 전할 수 있다.

나의 맑은 영혼으로 평화와 기쁨을 나눈다

우리가 다른 사람들에게 영향을 받는 것처럼 우리도 다른 사람들에게 영향을 끼친다. 꽃들이 저마다 자신의 향기를 발하는 것과 같은 이치다. 장미가 공기 중에 향기를 발하면 사람들은 기분이 상쾌해지거나 영혼이 고양된다. 독초들이 내뿜는 냄새는 오래 맡으면 불쾌감으로 병이 생길 수도 있다.

인도양을 항해하는 선원들은 어느 섬에 가까워지면 그 섬에서 자라는 백단나무 향기로 미리 알 수 있다고 한다. 어디를 가든 보이지 않는 힘을 발산하는 영혼이 있다면 주변 사람들은 그 영향을 받게 된다. 그는 가는 곳마다 평화와 기쁨을 전한다. 몸이 피곤하거나 병든 사람들, 혹 마음이 불안한 사람도 그의 곁에 머무는 신성한 기운을 느낀다. 그들은 힘을 얻어 새로운 삶과 희망을 되찾게 된다. 지나가던 동물들도 이상한 기운을 알아차릴 것이다. 사람의 영혼이 성스러움으로 맑아지면 보이지 않는 능력을 발산한다. 그와 같은 삶이 바로 지금 우리 생활 속에서 가능하기 때문에 우리는 기쁨의 노래를 부를 수 있다.

오! 나를 에워싼 위대한 영원이여,
모든 것이 거룩하다.
나는 하늘의 만나를 먹고,
하늘의 감로주를 마시니,

찬란한 무지개 속에서,
아버지의 사랑이,
일곱 가지 색으로 빛난다.

귀여운 새들이 노래하고,
흐드러지게 핀 꽃들 속에서
그의 향기가 퍼져 나오니,
달콤한 축복의 향수인가.
아침을 밝히는 장엄한 빛에,
밤을 덮는 화려한 장식에,
나의 영혼은 환희로 가득해지고,

이 세상의 감각에서 멀어진다.

'무한한 생명과 힘'이 우리와 하나라는 걸 온몸으로 받아들여 언제나 일체감 속에서 생활하면 다른 모든 것은 저절로 따라온다. '무한한 권능'과 하나임을 알고 실현하는 삶만이 영광 속에서 아름다움과 기쁨을 누릴 수 있다. 지상에서 살아가며 천국의 보물 창고를 만드는 것이다. 연약함과 무력함이 강인함으로, 슬픔과 탄식이 기쁨으로, 두려움과 공포가 신뢰로, 우리의 소망이 현실로 변화된다. 완전한 평화와 힘, 풍요가 실현된다. 이것이 무한한 생명과 함께하는 삶이다.

보이지 않는 내면의 힘을 신뢰하라!

생각은 힘이다. 우리 안에 있는 그 힘을 깨닫고 그 능력을 진심으로 믿으면 우리는 원하는 세계, 우리 자신이 통제할 수 있는 세계를 창조할 수 있다. 그것이 바로 이 책의 가장 기본적인 전제이자 핵심이다. 우리 내면의 대화와 신념이 고스란히 외부로 구현된다는, 즉 생각이 현실을 만든다는 믿음이다.

저자 랄프 왈도 트라인(Ralph Waldo Trine)은 19세기 후반에 활약한 신비주의적 철학자이자 교사로 당시 세계적으로 유행하던 '신사고운동(New Thought Movement)'의 리더 가운데 한 사람이었다. 1830년대 미국에서 시작된 신사고운동은 일종의 심리적 치료운동이라고 할 수 있는데, 사람의 내면에 엄청난 힘이 있다고 믿었다. 그 힘은 자신만이 아니라 비슷한 생각을 가진 다른 이들의 생각의 힘까지 불러모아 상승작용을 한다. 좋은 생각, 긍정적인 생각은 또 다른 좋은 힘들을 끌어당김으로써 우리의 삶을 기쁨으로 이끌 뿐 아니라 풍요로운 성공을 불러온다는 것이다.

트라인이 이 책에서 말하는 주된 내용은 이 세상에는 '무한한 영(靈) 혹은 정신(精神)'이 있으며 우리가 모두 그 존재와 이어져 있다는 것이다. 그 사실을 온전히 알아차리고 받아들여 그와 하나가 되면 우리도 무한한 영의 힘을 가질 수 있다. 무한한 힘의 일부가 되는 것이다. 이러한 믿음은 "모든 것은 오직 마음이 지어낸다."는 화엄경의 일체유심조(一切唯心造)와도 통한다. 또한 "우리의 모습은 우리의 선택으로 만들어진다(We are our choices)."라는 샤르트르의 말과도 같이한다. 무엇보다 "아버지와 나는 하나다."라고 한 예수의 가르침과 일맥상통한다. 예수가 하느님과 하나였듯이 우리도 그와 하나다. 신약성경의 '되찾은 아들' 이야기에서 아버지는 아들에게 '내 집에 있는 모든 것이 네 것'이라고 말한다. 세상의 모든 것이 우리에게도 허락되어 있다. 우리가 무한한 영과 관계를 맺는 것에 따라 삶이 달라진다.

트라인의 책 속에서 발견되는 진리는 최근 여러 형태로 재조명되고 있다. 생각의 힘을 깨달아 보다 큰 어떤 힘과 조화롭게 관계 맺을 때 우리는 완벽한 평화와 건강, 사랑, 그리고 성공과 풍요의 길을 갈 수 있다. 우리 내면의 힘을 말하는 이 책을 정신과 관련된 관념적 책으로 분류할 수도 있지만, 옮긴이가 보기에는 오히려 아주 좋은 실용서이다. 실제로 이 책의 저자 트라인은 나폴레온 힐(Napoleon Hill)의 《생각하라 그리고 부자가 되어라*Think and Grow Rich*》에서도 종종 언급된다. 데일 카네기(Dale Carnegie)의 《인간관계론*How to Win Friends & Influence People*》, 조셉 머피(Joseph Murphy)의 《마음의 법칙*How to use the laws of Mind*》 등에도 영향을 준 이 책은 처세실용서나 자기계발서의 교과서 같은 책이라고 할 수 있다.

1897년 출간과 동시에 센세이션을 불러일으키며 사람들이 생각하는 방식에 큰 영향을 미친 이 책은, 전 세계 20여 개국에 출판되어 400만 부 이상 판매되었고 지금까지도 많은 독자들로부터 사랑을 받고 있는 스테디셀러이다. 영국 빅토리아 여왕 등 저명한 독자들도 많았는데, 가장 유명한 일화는 자동차 왕 헨리 포드(Henry Ford)와 관련된 일일 것이다. 그는 이 책 덕분에 자신이 자동차 대량생산 시대를 열 만큼 성공할 수 있었다며, 이 책을 대량으로 구매해 사무실에 쌓아두고 기업가들에게 선물로 나눠주기도 했다.

세상이 급변하고 있지만 인간 존재는 여전히 동일한 조건을 가지고 있다. 우리는 모두 몸과 마음을 가지고 태어났다. 저마다의 내면에는 가늠할 수 없는 가능성이 있는 마음이 있다. 마음은 우리가 하는 것에 따라 엄청난 힘을 발현할 수 있다. 좀 솔깃해지지 않는가? 방법은 같지만 저마다 다른 길이다. 그 길은 곧 우리가 어떻게 생각하느냐에 따라 결과도 달라진다.

사실 옮긴이는 보이지 않는 순수한 영혼, 혹은 절대적 존재에 대한 신뢰가 망설여지기도 했다. 하지만 이 책을 번역하고 지금 후기를 쓰면서, 보이지 않는 내면의 힘을 흔들리지 않고 신뢰하는 것이 중요하다는 생각을 하게 된다. 책을 읽으며 자기 내면을 들여다보고 힘을 이끌어내다 보면 의기소침한 사람이나 무기력한 사람, 그리고 좌절하고 있는 사람들도 자신감을 얻게 될 것이다. 미소를 띠며 내 안에 있는 '내면의 힘'에 손을 내밀어보고 싶은 욕구가 생길 것이다. 이 책을 읽는 독자들이 그런 욕구를 따라 조화로운 삶을 누리기를 진심으로 기원한다.

2023년 7월

옮긴이 이 희 원